(Par Marie ainé; ~~Deillanne~~ qui signe à la fin
~~Deillanne~~ même ouvrage
que, Le Chant du [illegible])

LES
COUPS DE BROSSE.

Paris—Imprimerie de SÉTIER, rue de Grenelle St-Honoré, n° 29.

COUPS DE BROSSE.

CHANSONS POLITIQUES

SUR LE PRÉCÉDENT

ET

SUR LE NOUVEAU SYSTÈME.

CONTES

ET

AUTRES PIÈCES LÉGÈRES.

PARIS,

Chez l'auteur, Palais-Royal, Galeries d'Orléans, N° 29,
et de Nemours, N°s 21 et 22.

1832.

PRÉFACE.

AU PUBLIC.

Monsieur,

Je crois être prudent, lorsqu'à votre personne,
J'écris au singulier ; si cela vous étonne,
Deux mots diront pourquoi : c'est qu'étant devant vous,
Je vous crains moins tout seul que si vous étiez tous.
Rassuré maintenant, je vous offre un ouvrage
Qui n'est pas élevé, car c'est mon décrotage.
Puis-je espérer, Monsieur, vous le voir accueillir ?
C'est son produit surtout qui me ferait plaisir.
J'eus toujours de l'amour pour Madame Monnaie,
Qui possède un onguent favorable à ma plaie.
Achetez ; voilà tout. Qu'est-ce donc ? direz-vous.
Alors je suis muet, je crains votre courroux ;
Je manque de courage ici pour vous répondre ;
Je m'occupe d'un genre où rien ne reste à tondre.
Mais achetez toujours. — Encor faut-il savoir
Comme on place ses fonds. — Tournez, vous allez voir.
Cherchez au fond du sac ; mais qu'on me les pardonne,
Si l'on peut en trouver une seule de bonne.
—Fort bien ! nous y voilà ! Ce sont donc des chansons ?
Voyons si tes pipeaux produisent de beaux sons.

Je croirais bien plutôt que tu me fais un conte.
—Hélas! j'en fais aussi, bien sans doute à ma honte.
—Ah! oui, j'en aperçois; mais ton goût dominant
Paraît t'avoir porté de préférence au chant.
Je dois te dire alors que l'on ne chante guère,
Et que, si l'on chantait, Béranger sait en faire.
Mais les siennes, dis-moi, sont-elles de ton goût?
Te vont-elles un peu? Réponds donc. — Pas du tout,
Encor bien qu'Apollon au sommet du Parnasse
Réserve à leur auteur une première place;
Et s'il ne peut me plaire, en voici la raison :
Aussi haut que sa gloire ayant mis la chanson,
A sa suite marcher, c'est ramper sur sa trace.
Au milieu des écueils, et jusque sous la glace,
Vous le verriez, chantant, ne trouver que des fleurs
Où tout autre après lui n'aurait que des malheurs.
Si j'attrapais un jour quelques sons de sa lyre,
Alors je vous dirais : c'est un Dieu que j'admire.
Mais autrement je dis qu'il est désespérant,
Et que, pour qu'il me plût, j'en voudrais faire autant.
Vous ne dites plus rien; en vain je vous écoute.
Vous gardez votre argent, moi mes chansons, sans doute.
—Pour parler sans détour, je n'en fais pas grand cas,
Car tu te ris de gens dont moi je ne ris pas.
—Le mal n'est pas bien grand, de se moquer des traîtres;
Ceux qui s'en fâcheront sont quelques mauvais prêtres.
Voyez-vous, diront-ils, jusqu'où la liberté
Nous conduit aujourd'hui? Quelle témérité !
Regardez ce recueil, sorti de la poussière;
On nous y traite tous d'une belle manière.

A vous, frère Caffard, lisez-en donc un peu.
—Moi, je suis honnéte homme. A vous. qu'on met en jeu.
—Valez-vous mieux que nous, monsieur le bon apôtre ?
Toujours du bien d'autrui vous ferez donc le vôtre ?
Vous êtes honnête homme ! ah ! glissons là-dessus ;
Le meilleur d'entre nous vaut toujours moins que plus.
Oui, mais un décroteur a-t-il droit de l'écrire ?
Allez donc maintenant leur enseigner à lire.
Voilà ce qu'ils diraient. Êtes-vous curieux
De savoir maintenant ce qu'au quasi-pieux
Je répondrais, ayant entendu la semonce ?
Attendez un moment ; écoutez ma réponse :

    Ah ! pardonnez-le-moi, mon frère ignorantin ;
Je ne sais pas encor décroter le latin ,
Lui dirais-je ; et sur vous sachant ce que j'ignore ,
Je vous ferais , ma foi ! bien plus crier encore.
A peine , voyez-vous, sais-je un peu de français.
Un jour, dans le latin si jamais je lisais ,
Et que j'y pusse voir, des apôtres d'Ignace,
Un tour de gibecière, ou bien de passe-passe ,
Que l'on ne connût pas et qu'on dût mettre au jour ,
Pour éclairer le monde et montrer tout l'amour
Que vous avez pour lui, sur cet objet utile
Je vous décroterais, je crois , en homme habile.
Entendons-nous pourtant , car il faut s'expliquer ;
Sachez que décroter veut dire démasquer.
Ouvrez vos rangs , Messieurs, montrez-moi l'honnête
                                 homme,
Que j'apprenne son nom, je l'indique et le nomme.

Qu'avez-vous à crier ? Relisez mes chansons :
J'attaque les méchans, je respecte les bons.
Ainsi vous voyez bien que ce qui tant vous fâche
Ne doit pas vous blesser, si vous êtes sans tache.
Mon frère, le curé, pourrait vous attester
Qu'où j'aperçois le bien, je sais le respecter,
Et qu'alors promptement je change de langage.
Où rien n'est à blâmer, tout reçoit mon hommage.
Bel hommage, ma foi ! répondra mon censeur ;
En vit-on de plus bas que ceux d'un décroteur.
De nous humilier il n'est pas nécessaire.
Celui d'un roi vaut moins, quand il n'est pas sincère :
Vous n'aurez pas le mien ; en voici la raison :
Je l'ai fait infuser pour vous dans la chanson.
C'est donc au Public seul que je l'offre et le donne,
Avec tout le respect que j'ai pour sa personne.

MA BONNE AVENTURE.

J'étais tout petit
Quand quelqu'un me dit :
Devin par nature,
Ma bonne aventure.

Tu n'es pas Gascon,
Dit-il, pour raison,
Puisque ta patrie
Est la Normandie.

ix

Je vois dans tes mains
Des signes certains
Que ton goût sincère
Est de ne rien faire.

Oui, mais tes parens
Te feront à temps
Perdre avec adresse
Ces goûts de paresse.

Tu travailleras,
Ou tu recevras,
Au lieu d'épaulette,
Des coups de baguette.

Un bâton noueux
Fait d'un paresseux,
Quand on l'en corrige,
Souvent un prodige.

Ton premier métier
Est d'être toilier ;
Déjà se dévoile
Ton goût pour la toile.

Si bien l'aimeras,
Que soúvent voudras
Lever en cachette
Celle déjà faite.

Mais, pour varier,
Tu dois t'employer
A mille autres choses,
Non encor écloses.

Ouvrier d'abord,
Puis, lorsque le sort
T'aura fait connaître,
Tu deviendras maître.

Maître tout-à-fait,
Mais dont le sujet
N'est pas de nature
A rouler voiture.

Tant pis, dis-je, rien
Ne m'irait si bien :
Que quelqu'un s'y lasse,
Moi, je prends sa place.

— Renferme en ton cœur
Ce goût de grandeur.
L'avenir t'annonce
Par moi sa réponse.

Écoute un instant
Celui qui t'attend.
C'est là de ton rôle
L'acte le plus drôle.

Le monde allant mal,
Presqu'en général,
Si chacun se crotte,
Il faut qu'on décrotte.

Aspire à l'honneur
D'être décroteur :
C'est là que la grâce
Du destin te place.

Voilà l'avenir
Que tu dois bénir,
Il faut, et pour cause,
Bénir toute chose.

Le nécromancien,
Ne disant plus rien,
Malgré mon jeune âge,
Voit combien j'enrage.

Homme du destin,
Répondis-je enfin,
Qu'un bon précipice
S'ouvre et t'engloutisse.

Et vraiment j'eus tort,
Quiconque à son sort
S'attache d'avance,
Est mieux qu'on ne pense.

Dans tous les états
On souffre ici bas,
Le riche, moins sage,
Souvent davantage.

MES COUPS DE BROSSE.

Eh ! gai, gai, gai, j'ai beau brosser ;
    Que la crasse
    Est tenace !
Eh ! gai, gai, gai, j'ai beau brosser,
  Il m'en faudra laisser.

  Messieurs, par des affiches,
  Tous mes prix sont cotés,
  Mais plus haut pour les riches,
  Qui sont les plus crottés.

Eh ! gai, gai, gai, j'ai beau brosser ;
    Que la crasse
    Est tenace !
Eh ! gai, gai, gai, j'ai beau brosser,
  Il m'en faudra laisser.

  J'étrenne, et je commence
  Par un maître tailleur,
  Qui cherche une balance
  Pour peser son honneur.

Eh ! gai, gai, gai, j'ai beau brosser ;
    Que la crasse
    Est tenace !
Eh ! gai, gai, gai, j'ai beau brosser,
  Il m'en faudra laisser.

xiij

Après viendra sans doute
Ce fameux négociant
Qui par la banqueroute
Sait tout payer comptant.

Eh ! gai, gai, gai, j'ai beau brosser ;
   Que la crasse
   Est tenace !
Eh ! gai, gai, gai, j'ai beau brosser,
  Il m'en faudra laisser.

Et ce marchand habile,
Bijoutier, jeune encor,
Qui nous vend et nous file
Du cuivre pour de l'or.

Eh ! gai , gai, gai, j'ai beau brosser ;
   Que la crasse
   Est tenace !
Eh ! gai , gai, gai, j'ai beau brosser,
  Il m'en faudra laisser.

Puis, des bureaux d'agence,
Tous ceux qui vont grand train ;
Etant, sans conscience,
Plus légers en chemin.

Eh , gai, gai, gai, j'ai beau brosser ;
   Que la crasse
   Est tenace !
Eh ! gai ! gai, gai, j'ai beau brosser,
  Il m'en faudra laisser.

Puis ceux qui, sans entraves,
Nous prêchant la vertu,
Savent se faire esclaves
De celle d'un écu.

Eh ! gai, gai, gai, j'ai beau brosser ;
Que la crasse
Est tenace !
Eh ! gai, gai, gai, j'ai beau brosser,
Il m'en faudra laisser.

Et celui qui respire
L'air libre, et qui demain
Criera : Vive l'empire !
Quoique républicain.

Eh ! gai, gai, gai, j'ai beau brosser ;
Que la crasse
Est tenace !
Eh ! gai, gai, gai, j'ai beau brosser,
Il m'en faudra laisser.

Puis celui qui se vautre
Dans des lieux dégoûtans ;
Et l'auteur qui d'un autre
Emprunte ses enfans.

Eh ! gai, gai, gai, j'ai beau brosser ;
Que la crasse
Est tenace !
Eh ! gai, gai, gai, j'ai beau brosser,
Il m'en faudra laisser.

XV

Et puis l'homme d'église,
Qui nous dit de jeûner,
Lorsque sa table est mise
Et l'attend pour dîner.

Eh! gai, gai, gai, j'ai beau brosser ;
    Que la crasse
    Est tenace !
Eh! gai, gai, gai, j'ai beau brosser,
Il m'en faudra laisser.

Puis celui qui, sans peigne,
Et pour lui plaire, attend
Que son épouse daigne
Le coiffer proprement.

Eh ! gai, gai, gai, j'ai beau brosser ;
    Que la crasse
    Est tenace !
Eh ! gai, gai, gai, j'ai beau brosser,
Il m'en faudra laisser.

Puis celui dont la flamme
Dévore tout son bien,
Quand celle de sa femme
Fait augmenter le sien.

Eh! gai, gai, gai, j'ai beau brosser ;
    Que la crasse
    Est tenace !
Eh ! gai, gai, gai, j'ai beau brosser,
Il m'en faudra laisser.

Encor celui qui brille
Aux dépens de chacun ;
Ceux qui de jeune fille
Voudraient en avoir un.

Eh ! gai, gai, gai, j'ai beau brosser ;
Que la crasse
Est tenace !
Eh ! gai, gai, gai, j'ai beau brosser,
Il m'en faudra laisser.

Ceux de race hautaine,
Fiers et bouffis d'orgueil,
Qui nous daignent à peine
Parler même de l'œil.

Eh ! gai, gai, gai, j'ai beau brosser ;
Que la crasse
Est tenace !
Eh ! gai, gai, gai, j'ai beau brosser,
Il m'en faudra laisser.

Pour arrêter la file
De mes et puis.... et puis,
J'en laisse ici cent mille
Dont rien je ne vous dis.

Eh ! gai, gai, gai, j'ai beau brosser ;
Que la crasse
Est tenace !
Eh ! gai, gai, gai, j'ai beau brosser,
Il m'en faudra laisser.

LE PRÉCÉDENT SYSTÊME.

COUPLETS D'INTRODUCTION.

Air : *Du Curé de Pompone.*

Adieu ! partez, faibles couplets ,
  Mais croyez votre père ,
Fuyez les châteaux , les palais ,
  De chaque ministère ;
Craignez Montrouge et les éclats
  Des foudres du parjure ;
  Surtout n'oubliez pas ,
    En tout cas ,
  D'onguent pour la brûlure.

Vous courez après le succès ,
  Pouvez-vous y prétendre ?
Si l'on vous intente un procès ,
  Qui voudra vous défendre ?
Je vois des dangers effrayans
  Que pour vous je redoute :
  Les chemins , par ce tems ,
    Sont glissans ,
  On peut tomber en route.

Mais enfin suivez votre goût,
Contentez votre envie ;
Démasquez les fripons partout,
Aimez votre patrie ;
Faites résonner les échos
Quand vous chantez les braves ;
Pleurez sur les tombeaux
Des héros,
Et plaignez les esclaves.

V'LA C'QUE C'EST QUE L'GENRE HUMAIN.

Air : *V'là c'que c'est q'd'aller au bois.*

Pour peupler le monde, toujours
Travaille le dieu des amours.
On arrive, et, pour nous instruire,
Le temps vient nous dire :
Je dois vous détruire.
Qui naît aujourd'hui meurt demain :
V'là c'que c'est que l'genre humain.

On est légitime ou bâtard,
Riche ou pauvre par le hasard.
Sous le voile qui l'environne,
C'est lui seul qui donne
Aux rois la couronne,
A tous, plus ou moins de chagrin ;
V'là c'que c'est que l'genre humain.

Né sur la paille ou le duvet,
La vertu fait le bon sujet,
. Et voilà précisément comme
   On voudrait un homme
   Dans celui qu'on nomme
Son légitime souverain ;
V'là c'que c'est que l'genre humain.

Mais on trouve dans tous les rangs,
Des fripons et d'honnêtes gens.
Aux premiers voit-on l'hypocrite,
   Il n'est de mérite
   Que pour l'eau bénite,
Et la fraude a la haute main :
V'là c'que c'est que l'genre humain.

Fouler aux pieds la loi des lois,
Et nous dépouiller de nos droits ;
Puis faire assassiner nos frères,
   Ce sont des misères
   Pour tous ces bons pères,
Qui du ciel ont pouvoir en main ;
V'là c'que c'est que l'genre humain.

Rois ! arrêtez donc leurs forfaits,
Ou craignez tout de vos sujets !
Il est déjà bien tard sans doute ;
   Mais quand on redoute
   Quelque chose en route,
On prend vîte un autre chemin :
V'là c'que c'est que l'genre humain !

En attendant un dénouement,
Pour vivre un peu moins tristement,
L'un brave tout auprès des belles,
    L'autre, à tire d'ailes,
    Fuit les infidèles,
Préférant aux femmes le vin.
V'là c'que c'est que l'genre humain.

Le prodigue donne son or,
L'avare grossit son trésor.
C'est son ami, c'est sa maîtresse,
    Et pour la richesse
    Se privant sans cesse,
Crainte d'y toucher, meurt de faim :
V'là c'que c'est que l'genre humain.

Nombre d'époux dans leur lien,
Près de quatre jours vivent bien ;
Mais peut-on être toujours sage ;
    N'est-il pas d'usage
    Que l'amour voyage,
Puis à tout il faut une fin :
V'là c'que c'est que l'genre humain.

Enfin, quoique nés pour souffrir,
On trouve encor quelque plaisir ;
Il se donne ou bien on l'achète ;
    Mais l'âme inquiète,
    Souvent on regrette
Celui du jour le lendemain :
V'là c'que c'est que l'genre humain !

IL DOIT ÊTRE HEUREUX OU JAMAIS.

Air de Calpigi.

Voyez le seigneur qui s'avance,
C'est le trésorier de la France,
Il est président du conseil,
S'il n'est pas cousin du soleil.   (*bis.*)
La fierté peinte sur sa mine
Vous annonce assez qu'il domine,
Entouré de tous ses laquais,
Il doit être heureux ou jamais.   (*bis.*)

Vous verrez chez lui l'abondance,
Car notre or s'y trouve, je pense,
Et notre avoir, probablement.
Sera le sien incessamment.   (*bis.*)
Comme un Dieu, dans son ministère,
Chacun l'encense à sa manière,
Entouré de tous ses laquais,
Il doit être heureux ou jamais.   (*bis.*)

Revêtu d'un pouvoir extrême,
Rien ne marche que par lui-même,
Ici seul il a du crédit,
Il commande et l'on obéit.   (*bis.*)
Mais les millions qu'en France il glane,
Et que voudrait bien la soutane,
Il les garde avec ses laquais :
Il doit être heureux ou jamais.   (*bis.*)

2.

Généreux, délicat, sincère,
Comme Peyronnet et Corbière,
Il a la vertu des grandeurs,
Il protège les bonnes mœurs.   *(bis.)*
Ainsi qu'un Dieu répand ses grâces,
Il promet et donne des places,
Entouré de tous ses laquais :
Il doit être heureux ou jamais.   *(bis.)*

Mais la liberté lui fait peine,
Car pour elle il montre sa haine ;
Elle éclate dans ses projets,
Ainsi que dans ses tourniquets.   *(bis.)*
Un beau jour pour se satisfaire,
Il fera voter l'arbitraire,
En vexant un peu les Français :
Il doit être heureux ou jamais.   *(bis.)*

S'il aime mieux le jésuitisme
Qu'il n'aime le libéralisme,
C'est qu'il préfère les savans
Qui ne font que des ignorans.   *(bis.)*
Quoiqu'ancienne, cette méthode
Paraît lui sembler plus commode ;
Il sait qu'en régnant sur des niais
On doit être heureux ou jamais.   *(bis.)*

LA FRANCE.

Air : *Marlbroug s'en va-t-en guerre.*

Victime de la haine,
(Tout ça me... me fait de la peine)
Trop tôt à Sainte-Hélène
Mourut le prisonnier.

Mourut le prisonnier !
Mais sans doute au geôlier,
Pour raccourcir la chaîne,
(Tout ça me... me fait de la peine)
De ce grand capitaine,
On aura fait payer.

On aura fait payer,
De peur que son laurier,
Sur les bords de la Seine,
(Tout ça me... me fait de la peine)
Ne fleurisse et ramène
Le célèbre guerrier.

Le célèbre guerrier,
Qui me fit tant briller !
Et qui déjà, sans gêne,
(Tout ça me... me fait de la peine)
D'une autre île lointaine
Revint sans s'effrayer.

Revint sans s'effrayer,
Ni se faire prier,
Combattre dans la plaine ,
(Tout ça me... me fait de la peine)
Pour sauver mon domaine
Qu'il perdit tout entier.

Qu'il perdit tout entier.
Pourrais-je l'oublier ?
Sa mort étant certaine ,
(Tout ça me... me fait de la peine)
Ma grandeur souveraine
Est dans le bénitier.

Est dans le bénitier ;
Mais mon peuple guerrier ,
Qu'à l'Église on entraîne ,
(Tout ça me... me fait de la peine ,)
Doit chanter une antienne
Pour sortir du bourbier.

L'ÉXILÉ.

Air : *Du Dieu des bonnes gens.*

Tout fut en pleurs, quand la Parque cruelle
Vint nous ravir le plus grand des héros.
En vain l'éclat de sa gloire immortelle ,
Fait de son nom retentir les échos.
Oui, c'en est fait, une ligue ennemie
A vu périr le sublime guerrier ;
Mais tout ici retrace son génie :
On ne peut l'oublier.   (*bis.*)

L'affreuse mort qui tous les jours moissonne
Les compagnons de ses nobles travaux,
Peut se convaincre, aux regrets qu'on leur donne,
Qu'ils meurent tous sans laisser de rivaux.
Mais ce malheur, dont gémit la patrie,
Les réunit à leur chef isolé,
Ils sont heureux, ceux dont l'âme est partie
      Rejoindre l'Exilé.   (*bis.*)

Sous ses drapeaux, Bellone fit éclore,
Tout à la fois, le guerrier, l'orateur;
Mais Foy n'est plus, la France pleure encore
De ses soldats le soutien et l'honneur.
Tout est fini, la douleur éloquente
Ne ne le rend pas au peuple désolé;
Non, Foy n'est plus, trop tôt son âme ardente
      A rejoint l'Exilé.   (*bis.*)

Quand finiront nos douloureuses larmes ?
Quand n'aurons-nous personne à regretter ?
En deuil, on voit la tribune et les armes :
Dieu ! quel destin, tout va donc nous quittter ;
Bientôt, hélas ! nous n'aurons plus que l'ombre
Des grands talens dont on a tant parlé :
Ils meurent tous, déjà le plus grand nombre
      A rejoint l'Exilé.   (*bis.*)

Adieu, guerriers, et vous tous dont la gloire
Vint illustrer notre France à jamais;
Vos noms gravés au temple de mémoire,
Le sont aussi dans le cœur des Français.

De vos exploits, le bronze à la patrie
Atteste assez que le monde a tremblé ;
Tout est changé, mais la France endormie
    Rêve encor l'Exilé.   (*bis.*)

Vivre après vous, c'est faire pénitence.
Il faut souffrir, voilà l'ordre du jour.
De trop de gloire, accusant la vaillance,
Le noir bigot veut régner à son tour.
Pour satisfaire une horde en furie,
Les droits, l'honneur, aux pieds tout est foulé ;
Sans doute on veut qu'à jamais la patrie
    Regrette l'Exilé.   (*bis.*)

Notre héritage aux débris de l'Empire,
Doit cependant être la liberté.
Du peuple enfin, quoi qu'on en puisse dire,
Elle est aussi la légitimité.
A nos tyrans, opposons sa puissance,
Saisis d'effroi, leur front sera troublé !
Ainsi tremblait l'ennemi de la France
    Au nom de l'Exilé.   (*bis.*)

APRÈS TANT DE RICHESSE

C'EST TROP D'ADVERSITÉ.

Air : *Et voilà la richesse*
De celui qui n'a rien.

L'homme dont la puissance
Eleva notre France
   A l'immortalité,
Mourut dans la détresse,
L'exil et la captivité;
   Après tant de richesse,
   C'est trop d'adversité.   (*bis.*)

Ses amis d'infortune,
Dont la gloire importune
   Certaine vanité,
Ont perdu toute espèce
De droit acquis et mérité;
   Après tant de richesse,
   C'est trop d'adversité.   (*bis.*)

De l'honneur qu'on déplace,
On voit donner la place
   A la servilité.
C'est par ce coup d'adresse
Qu'on obtient la majorité.
   Après tant de richesse,
   C'est trop d'adversité.   (*bis.*)

Déjà le parti-prêtre
Raisonne et parle en maître ;
Avec impunité
Ses projets sur la presse
Dévoilent son iniquité ;
Après tant de richesse ,
C'est trop d'adversité.   (*bis.*)

Mais pour que cette engeance
Exploite l'ignorance
Et la crédulité,
Il faut bien qu'on s'empresse
D'étouffer toute liberté ;
Après tant de richesse ,
C'est trop d'adversité.   (*bis.*)

Les fers et l'esclavage
Seraient donc l'héritage
De la célébrité !
Serments, Charte et promesse,
Que sont-ils donc ? — Duplicité !
Après tant de richesse ,
C'est trop d'adversité.   (*bis.*)

Mais enfin , si la France
Vient à crier vengeance
Sur la perversité ,
Alors, je le confesse,
Je plains un pouvoir détesté.
A son tour la richesse
Sera l'adversité.   (*bis.*)

RENVOYONS L'HYPOCRITE.

Air *des Scythes et des Amazones,*
Ou *l'âme, de Béranger.*

Naguère encor tremblait la terre
Au nom d'un seul de nos héros ;
Pour être libre on fit la guerre,
Le sommes-nous sous les bigots ?
Oublions-nous que le bronze et l'histoire
Ont attesté nos exploits glorieux ?
Gardons pour nous les fruits de la victoire
Et renvoyons l'hypocrite odieux.   } *bis.*

Au profit de la ligue impie,
En France, on fait tout à présent ;
Pour elle on abbat l'industrie
Et l'on relève le couvent.
Oublions-nous , etc.

Les ennemis de notre gloire,
Que le Français croyait bannis ,
Maintenant sur son territoire
Lui font la loi dans son pays.
Oublions-nous, etc.

La France , qu'ils nomment morale ,
Ici les nourrit chaque jour ,
Et l'on sait comment leur cabale
Nous a prouvé son tendre amour.
Oublions-nous , etc.

3.

C'est en mettant une barrière
Entre le prince et le sujet
Qu'ils interceptent la lumière ;
Renversons donc le tourniquet.
Oublions-nous, etc.

Lorsque les soutiens de la ligue
Cesseront de nous gouverner,
Aussitôt nous verrons l'intrigue
Cesser aussi de dominer.
Oublions-nous, etc.

Pour nous sauver de l'arbitraire
Où nous a placés le destin,
La raison dit ce qu'il faut faire,
Moi, je m'en tiens à mon refrain :
Oublions-nous, etc.

LE CENSEUR JÉSUITE.

Eh ! gai, gai, gai, que tout va bien !
Il fallait la censure ;
Eh ! gai, gai, gai, que tout va bien !
Depuis qu'on ne dit rien.

Censeurs, il faut détruire
Tout raisonnable écrit ;
La raison se fait lire,
Et donne trop d'esprit.
Eh ! gai, etc.

Soyons à notre affaire,
Et l'un de ces matins
On criera, je l'espère,
Vivent les capucins !
Eh ! gai, etc.

D'abord, aux yeux du maître,
Présentons les Français
Comme une race traître,
Indigne de bienfaits.
Eh ! gai, etc.

Du héros de l'histoire,
Rabaissons les talens ;
Opposons à sa gloire
Celle de nos couvens.
Eh ! gai, etc.

Des braves militaires
Arrachons les lauriers,
Que nos missionnaires
Succèdent aux guerriers.
Eh ! gai, etc.

Démontrons bien que Rome
Doit régner en tout lieu.
On dépouille mieux l'homme,
Quand c'est au nom de Dieu.
Eh ! gai, etc.

Feignons d'être sincères,
Et le monde à genoux
Pourra croire aux mystères
Dont nous nous moquons tous.
Eh ! gai ! etc.

Garnissons la province
De nos objets bénits,
Au nom de notre prince,
Vendons le paradis.
Eh ! gai, etc.

Que le peuple s'incline
En nous payant rançon.
L'Eglise l'y destine,
Prenons tout en son nom.
Eh ! gai, etc.

Sous un masque hypocrite,
Cachant l'impiété ;
Partout dans l'eau bénite,
Noyons la vérité.
Eh ! gai, etc.

LE MINISTRE GASCON.

Air : *Du premier Pas.*

C'est un gascon qui dirige la France,
Si l'on s'en plaint, c'est qu'on perd la raison.
Pour peu qu'on ait la moindre connaissance,
On voit qu'il a l'esprit de la finance :
    C'est un gascon (*bis*).

C'est un gascon d'honneur, de conscience,
Plus que Sully juste, loyal et bon ;
Sur nos écus s'il garde le silence,
On entend bien à sa noble éloquence
    Qu'il est gascon (*bis*).

C'est un gascon du plus beau caractère,
La Probité devrait être son nom ;
Pour les rentiers, les cadets, c'est un père,
Son amitié pour les Grecs est sincère :
    C'est un gascon (*bis*).

C'est un gascon, au besoin un jésuite,
Aimé, chéri de la sainte maison ;
En habile homme on sait qu'il en profite,
Il garde l'or et donne l'eau bénite :
    C'est un gascon (*bis*).

C'est un gascon, et jamais la Garonne
N'avait produit semblable rejeton ;
On peut juger à l'exemple qu'il donne,
Que l'on ne peut lui comparer personne :
    C'est un gascon (*bis*).

C'est un gascon, et le premier ministre
Que le Français bénit sans goupillon ;
Qui, comme lui, son pays administre,
Doit voir en grand écrit sur son registre :
    C'est un gascon (*bis*).

C'est un gascon solide, inébranlable,
Qui comme un roc à sa place tient bon ;
On voit en lui cet homme incomparable
Qui tant de fois prouva, cartes sur table,
    Qu'il est gascon (*bis.*)

C'est un gascon dont les traits de la vie
Sont trop brillans pour ceux de mon crayon ;
Près du Trésor je laisse son génie,
En répétant, de peur qu'on ne l'oublie :
    Qu'il est gascon (*bis*).

C'est un gascon, honneur à sa patrie,
Il en est l'aigle ou je suis un oison ;
De ses vertus j'ai fait l'apologie,
Mais n'allez pas me prendre, je vous prie,
Pour un gascon (*bis*).

QUE NOUS LAISSERA-T-ON?

Air : *Nous nous marierons Dimanche.*

Par mille succès
Le beau nom français
Sera gravé dans l'histoire ;
Mais je cherche en vain
Les fruits qu'une main
Nous laissa par la victoire.
Si chacun perd,
A quoi nous sert
La gloire ?
Passe-t-on l'or
A la cohor-
te noire ?
Prodigues de soins,
Ah ! daignez au moins,
Nous laisser de l'eau pour boire.

Il faut appauvrir
Pour mieux asservir
Le Français plein de malice ;
Ne lui laissons rien,
Dit l'homme de bien,
Il faudra qu'il obéisse.

Tant fier soit-il,
Il faudra qu'il
    Fléchisse;
Voilà comment
La ligue entend
    Justice.
On nous ruinera,
Et puis on dira :
Que le bon Dieu vous bénisse!

A chaque budget,
On voit le piquet
D'un ministère indigeste,
    Moins pour discuter
    Que pour bien voter,
Au commandement du geste.
    Tant qu'il pourra
    Il nous sera
      Funeste,
    Et pour cela
    Il aura la
      Main leste.
    Quand pour le surplus
    Il aura tout pris,
Il nous laissera le reste.

ON PEUT ÊTRE BÊTE,
SANS ÊTRE MANCHOT.

Air : *J'ai vu la Meunière.*

Encore un milliard à payer,
   Vite qu'on s'apprête ;
Pour le moment c'est le dernier
   Passé dans la boîte.
Donnons notre or sans dire un mot,
Et laissons nous fondre en lingot.
   On peut être bête
   Sans être manchot.

Nos grands avaleurs de budgets
   Se font une fête
D'avoir, pour vider nos goussets,
   La main toujours prête.
Qui sert bien le parti bigot
Doit s'engraisser à leur tripot,
   Et peut être bête,
   Sans être manchot.

Un gascon, à coups de jarnac,
   Augmenta la dette ;
Il nous volait, mais Polignac
   Veut qu'on se soumette ;
Moi je dis, voyant le cagot
Qui les guide dans leur complot,
   On peut être bête,
   Sans être manchot.

Comme une fille de Paris
   Traite sa conquête,
Le ministère, en ce pays,
   Sans façon nous traite :
Chacun d'eux plumant son poulot,
Doit dire, en montrant le magot :
   On peut être bête,
   Sans être manchot.

LA CLOTURE.

Air : *La bonne aventure, ô gué !*

Sur le mérite et l'honneur,
   Remplis de droiture,
On voit triompher l'erreur
   Ou bien l'imposture ;
Car, au droit le plus profond,
Maintenant l'on ne répond
   Que par la clôture,
     O gué !
   Que par la clôture.

La clôture est l'argument
   De la dictature,
Et ce discours éloquent
   Fait bonne figure.
Or, deux mots tracent l'esprit
De quelques gens en crédit,
   Et c'est la clôture,
     O gué !
   Et c'est la clôture.

De la marche du pouvoir
Elle a pris l'allure,
En mettant sous l'étouffoir
La liberté pure ;
Et la Charte des Français
Doit se trouver désormais
Près de la clôture,
O gué !
Près de la clôture.

Trop souvent dans le débat
Qu'elle dénature,
Elle interrompt le combat
Sitôt l'ouverture ;
Et dès que certain côté
Fait briller la vérité,
Vite la clôture,
O gué !
Vite la clôture.

Le ministère peut bien,
Malgré le murmure,
Enlever par ce moyen
Tout à la censure ;
Les comptes et le budget
Passent, selon son projet,
A coups de clôture,
O gué !
A coups de clôture.

Le peuple, très-patient,
Paie et tout endure,
Mais pour le mieux qu'il attend
Il a bon augure

Moi, je suis de son avis,
Car on ne peut être pis.
   Que par la clôture,
      O gué !
   Que par la clôture.

LE DÉCROTEUR.

Air *du Gros Thomas.*

La France est en paix,
Et si l'on a rogné sa carte,
   Il reste aux Français
Un semblable espoir pour la Charte ,
   Car l'intrigant ici
   Veut la rogner aussi.
Dans le bourbier l'on nous enfoncé ,
Chaque jour le prouve et l'annonce ;
   Mais le décroteur
   Est votre serviteur.

   Couverts de lauriers ,
Que veut leur arracher l'envie ,
   Nos braves guerriers
Manquent de tout dans leur patrie.
   Ce n'est pas le hasard
   Qui les tient à l'écart.
Dans le bourbier, etc.

Point de liberté,
C'est le dernier mot des Jésuites,
Et la vérité ,
C'est qu'ils en redoutent les suites.
Pour nous , les faux dévots
Préfèrent les fagots.
Dans le bourbier, etc.

On voit au-dehors,
Ainsi que dans la capitale,
Mouvoir les ressorts
De cette milice infernale ,
Qui du saint nom de Dieu
Fait trafic en tout lieu.
Dans le bourbier, etc.

Depuis quelque temps
Ce pays est heureux , de sorte
Que tous ses marchands
Ferment boutique ; mais qu'importe ,
A Mont-Rouge on est bien ,
Ailleurs le mal n'est rien.
Dans le bourbier , etc.

Les départemens ,
Où gémit la classe ouvrière ,
Pourront-ils long-temps,
Sans pain , vivre de la prière ?
Attendons, on verra
Comment tout finira.
Dans le bourbier , etc.

Malheur au pays,
Où tant de fripons sont à craindre.
On prend les petits
Et l'on a raison de se plaindre,
Car les grands resteront
Pillant ce qu'ils pourront.
Dans le bourbier, etc.

Tyrans, frappez tous !
D'un grand mal un bien doit éclore.
En dépit de vous,
Après la nuit viendra l'aurore,
L'obscur disparaîtra,
Le temps s'éclaircira,
Et nous sortirons de la crotte,
J'en suis certain, prenez-en note.
C'est du décroteur,
Bien votre serviteur.

CHANT NATIONAL.

FAUT UN VAINQUEUR.

Air : *Faut l'oublier, faut l'oublier.*

Faut un vainqueur, on vous appelle ;
Écoutez ces mourantes voix,
Ce sont les héros de la Croix
Que vient massacrer l'infidèle.
Contre un ennemi plein d'horreur,
Pour se soustraire à l'esclavage,
Combat et périt la valeur.
Français, traversez le rivage,
Faut un vainqueur, faut un vainqueur. } (*bis.*)

Faut un vainqueur , prenez vos armes ,
Bientôt le monstre tremblera
Devant les soldats d'Jéna ;
Ses rangs seront dans les alarmes ,
Et si son aveugle fureur
Attend que le combat s'engage ,
Soudain vous vengerez l'honneur.
Français , traversez le rivage ,
Faut un vainqueur , faut un vainqueur.   } *(bis.)*

Faut un vainqueur , quittez la France ,
Illustres guerriers d'Austerlitz !
Annoncez la mort aux bandits
De Mahomet en déchéance.
Assez long-temps , par la terreur ,
Régna cette horde de sauvage.
Le tocsin sonne son malheur !
Français , traversez le rivage ,
Faut un vainqueur, faut un vainqueur.   } *(Bis.)*

Faut un vainqueur, et les Hellènes
Comptent sur vos noms glorieux
Pour purger le pays des dieux
De toutes les bandes obscènes ;
Tombant sous votre bras vengeur ,
Que l'infâme , expirant de rage ,
Porte aux enfers le déshonneur !
Français , traversez le rivage ,
Faut un vinquer , faut un vinqueur.   } *(bis)*

Faut un vainqueur , et la victoire
Dit que c'est vous qu'il faut choisir.
Aucun revers n'a vu ternir
Le vif éclat de votre gloire.

Par votre belliqueuse ardeur ,
Des Grecs , soutenez le courage.
Mais, pour assurer leur bonheur ,
Français , traversez le rivage ,
Faut un vainqueur, faut un vainqueur. } (bis).

GARDONS NOTRE BIEN

ET LAISSONS-LUI LE SIEN.

Air *du gros Thomas* ou Mme *Grégoire*

Pour abattre un droit
Que nous a légué la sagesse ,
Au pouvoir on voit
Un homme travailler sans cesse ,
Foulant dévotement
A ses pieds le serment
En nous mesurant à sa taille ,
Il peut nous traiter de canaille.
Gardons notre bien
Et laisons-lui le sien.

Traître à son pays ,
Un autre , désertant la gloire ,
A nos ennemis
Porta les plans de la victoire.
Sans doute il prévoyait
Où ça le conduirait !
En nous mesurant , etc.

Par un lâche écrit,
Celui qui se rend le complice
De qui nous trahit,
Peut-il bien nous rendre justice.
Pour d'autres intérêts,
Je craindrais ses arrêts !
En nous, etc.

Le brave aujourd'hui,
Presque honteux de sa vaillance,
Retiré chez lui,
Cache sa croix dans l'indigence.
Le Jésuite est content,
Et rit du temps présent.
En nous mesurant, etc.

LA PETITE PEYRONEIDE,

Air : *Tonton, tontaine, tonton.*

Ministre qu'un mauvais génie
Place au même rang du Gascon,
partez, partez, qu'attendez-vous donc ?
Votre règne est à l'agonie,
Prétendriez-vous rester ?... Non !
Vîte, vîte, partez donc.

Par votre projet sur la presse,
Vous révoltez la nation ;
Partez, partez, qu'attendez-vous donc ?
Après le cri de sa détresse,
Craignez sa résolution !
Vîte, vîte, partez donc.

La liberté ne peut vous plaire,
Car vous ne l'aimez qu'en prison.
Partez , partez , qu'attendez-vous donc ?
Il ne vous reste rien à faire
Où tout se fait par la raison.
Vîte , vîte , partez donc.

Votre haine pour l'industrie
Nous destine le capuchon.
Partez , partez, qu'attendez-vous donc ?
Gardez--le pour la friperie ,
Ou faites-vous-en un manchon !
Vîte , vîte , partez donc.

Allez ailleurs mettre en usage
Vos tourniquets d'élection !
Partez, partez, qu'attendez-vous donc ?
Faites adopter au sauvage
Les fruits de votre affection.
Vîte , vîte , partez donc.

Votre aveu d'amour pour la France
Est tout-à-fait hors de saison (1).
Partez , partez , qu'attendez-vous donc ?
De cet amour on vous dispense,
Gardez tout pour certain tendron !
Vîte , vîte , partez donc.

---

(1) Le projet de la loi d'amour fut présenté dans l'hiver aux
chambres.

LA FRANCE QUI PLEURE

ET LA FRANCE QUI RIT.

Air : *Ermite, bon Ermite.*

Deux peuples sont en France,
Habitant le pays ;
L'un veut l'indépendance,
L'autre des pains bénits.
Le mérite demeure
Éloigné du crédit,
La majorité pleure,
La minorité rit.
La lumière importune
Les amis du pouvoir,
  Ils n'en veulent aucune,
    Et sur chacune
    Mettent l'éteignoir.

Ce système moderne
Rappelle le passé.
Le désordre gouverne,
Le droit est renversé.
Le Français, à toute heure
En y pensant gémit.
La majorité pleure,
La minorité rit.
La lumière, etc.

Ce qu'on veut, on l'avoue,
Et le crime effronté
Espère dans la boue
Traîner la liberté.
La France supérieure,
Trop paisible fléchit.
La majorité pleure,
La minorité rit.
La lumière, etc.

Ennemis de la gloire,
Mettez-vous à genoux ;
Au poteau de l'histoire
Bientôt vous serez tous.
Sans pain, nos guerriers meurent ;
Quand leur chef est proscrit,
Tous les bons Français pleurent,
La minorité rit.
La lumière, etc.

Ministère en démence,
Sans pudeur ni sans foi,
Vous trahissez la France,
Vous trahissez son roi.
Mais en attendant l'heure
Qui frappe, le maudit.
La majorité pleure,
La minorité rit.
La lumière, etc.

Si vous restez encore
Assis au premier rang ,
L'avenir se colore ,
Il sera teint de sang !
Mais la France qu'on leurre
Pourra changer d'habit ;
Alors celle qui pleure
Sera celle qui rit !
La lumière importune
Les amis du pouvoir ,
Ils n'en veulent aucune ,
   Et sur chacune
Mettent l'éteignoir.

MON RÊVE SUR LES GRECS.

Air : *Si je meure que l'on m'enterre.*

Bercé d'une douce image ,
Ces jours derniers je rêvais
Qu'affranchis de l'esclavage ,
Les Grecs respiraient en paix ;
Les tempêtes du Bosphore
Cessaient d'agiter ses flots ,
Et d'une nouvelle aurore
Brillait la croix des héros !

Je rêvais que de l'Europe ,
Les infidèles sortaient ,
En laissant sans enveloppe
Ceux qui les y protégeaient !

Mais la trahison punie
Avait rassuré les cœurs,
Et les peines de la vie
Disparaissaient sous les fleurs.

La France était dans l'ivresse
Du bonheur qu'elle éprouvait;
Et de ses chants d'allégresse
Tout Paris retentissait.
A ce bruit je me réveille;
Du reste je fus privé...
Mais tout serait à merveille
Si je n'avais pas rêvé !!!

L'ADMIRATEUR.

Air de Calpigi.

Toujours admirateur fidèle
Du beau talent de de Villèle,
Cent fois j'ai pu le répéter,
J'ai du plaisir à le chanter.   (*bis.*)
C'est un présent fait à la France
Par la divine Providence;
Ce serait un dieu s'il avait   } (*bis.*)
L'éloquence de Peyronnet.

Quand il paraît à la tribune,
Il lui faudrait dix voix pour une
Afin d'exprimer ce qu'il sent;
Car il est plein de sentiment.   (*bis.*)

Son accent a de la noblesse,
Il est doux quand il nous caresse ;
Ce serait un dieu s'il avait
L'éloquence de Peyronnet.   } (*bis.*)

Amant renommé de la Charte,
Il est rare qu'il s'en écarte ;
Il aime aussi la liberté
Qui donne la majorité.   (*bis.*)
Il a de vastes connaissances,
De forts argumens en finances ;
Ce serait un dieu s'il avait
L'éloquence de Peyronnet.   } (*bis.*)

Chez lui les tourniquets de France
Sont sûrs de trouver l'abondance,
Les meilleurs vins de tous pays,
Des mêts délicats et choisis.   (*bis.*)
A table on discute et raisonne ;
C'est là qu'il promet ou qu'il donne :
Dans ces momens on lui croirait   } (*bis.*)
L'éloquence de Peyronnet.

Quant à vous, peuple, qu'il gouverne,
Vous irez boire à la citerne ;
Il faut de la sobriété
Aux amis de la liberté.   (*bis.*)
Le vin étant contraire au sage,
C'est votre bien qu'il envisage ;
Ce serait un dieu s'il avait   } (*bis.*)
L'éloquence de Peyronnet.

L'ESPÉRANCE.

Air : *A coups de pieds , à coups de poings.*

Si , comme les sujets , les rois
Doivent obéissance aux lois ,
Nous avons beaucoup d'espérance !
Car , d'après les sermens prêtés ,
Tous les droits seront respectés ;
    Mais pour l'instant ,
    Le bigot intrigant
Seul a les faveurs du roi de France.

Si les coups d'état violens
Nous annoncent des changemens ,
Nous avons beaucoup d'espérance !
Ce qui rassure le pays ,
C'est qu'on ne peut pas être pis !
    Car pour l'instant ,
    Le bigot intrigant
Seul a les faveurs du roi de France.

Si la chute des excellents
Doit renverser les révérends ,
Nous avons beaucoup d'espérance !
Pour cela , moi....., je donnerais
Tout mon bonheur , si j'en avais ;
    Car , pour l'instant ,
    Le bigot intrigant
Seul a les faveurs du roi de France.

Si le charme des lois d'amour
Doit cesser de charmer un jour,
Nous avons beaucoup d'espérance !
Alors pourraient cesser les pleurs
Que causent aujourd'hui ses douceurs;
 Mais, pour l'instant,
 Le bigot intrigant
Seul a les faveurs du roi de France.

Si jamais on voit le pouvoir
Faire un jour enfin son devoir ,
Nous avons beaucoup d'espérance
Pour assurer notre repos
Il chassera les faux dévots ;
 Mais, pour l'instant,
 Le bigot intrigant
Seul a les faveurs du roi de France.

Mais quand la horde au manteau cour
Outrage les De Liancourt ,
Je commence à perdre espérance !
Et je crains qu'à d'autres Français
L'on ne réserve autres forfaits ;
 Car, pour l'instant,
 Le bigot intrigant
Seul a les faveurs du roi de France.

L'HOMME DU TRÉSOR.

Aɪʀ : *Toto carabo.*

Au Trésor est un homme
D'un énorme talent ;
    Au comptant
Il sait fondre une somme
    Et fait du déficit
    Bon profit.
  Oh ! que ne fait-il,
  Oh ! que ne fait-il,
Oh ! que ne fait-il pas
Pour tirer tout (*bis*) son pays d'embarras !

Pour consoler la France,
Qui pleure son orgueil,
    Au cercueil
On voit son excellence
Accabler de bienfaits
    Les Français.
  Oh ! que ne fait-il, etc.

Il donne à la noblesse
Que l'on vit émigrer,
    Conspirer,
Pour prix de sa sagesse
Celui de tout son bien ;
    A nous rien.
  Oh ! que ne fait-il, etc.

Et puis ce sont les prêtres
Partout comblés d'honneurs,
De faveurs,
Qu'il nous donne pour maîtres,
En mettant dans leurs mains
Nos destins.
Oh! que ne fait-il, etc.

Il a mis le commerce,
Et, tous les arts aussi,
Dans l'oubli;
Mais s'ils vont à l'inverse,
Ils se rapprochent mieux
De ses vœux.
Oh! que ne fait-il, etc.

Un peuple trop prospère
Ne peut être mené
Par le nez;
Il connaît son affaire,
Et tout sera réduit,
Sans crédit.
Oh! que ne fait-il, etc.

On l'adore en Espagne,
Dont il est le moteur
Du bonheur;
Mais chère est la campagne
Qui fut faite sans moi
Pour le roi.
Oh! que ne fait-il, etc.

Pour venger les Hellènes,
Il fait mettre arme en main,
Et demain.....
Il brisera leurs chaînes,
Car il est bon chrétien,
Je crois bien.
Oh! que ne fait-il, etc.

Au sein de sa famille,
De ses nobles amis,
Ses commis,
Il ordonne et tout brille,
En tirant son éclat
De l'État.
Oh! que ne fait-il, etc.

Le bronze à notre gloire
Retrace les hauts-faits
Des Français,
Plus brillant' dans l'histoire;
Quand mon gascon sera,
Tout dira :
Oh! que ne fit-il,
Oh! que ne fit-il,
Oh! que ne fit-il pas,
Pour tirer tout (*bis.*) son pays d'embarras.

L'ARBITRAIRE TRIOMPHE ENCORE.

Air : *V'là le bastringue.*

Grâce à cet heureux siècle d'or,
Sans fatigue,
Parvient l'intrigue ;
Grâce à cet heureux siècle d'or,
L'arbitraire triomphe encor !

Voulant être libre, sans doute,
La France fut trente ans en route
Pour combattre ses ennemis,
Qu'on croirait encor à Paris !
Grâce, etc,

L'illustre pays de la gloire
Aura pour prix de la victoire,
Non la liberté qu'il attend,
Mais l'hôpital ou le couvent !
Grâce, etc.

Nous revoyons pleins d'arrogance
Les artisans de l'ignorance ;
C'est pour seconder leurs projets
Qu'on inventa les tourniquets !
Grâce, etc.

Aujourd'hui, pour le monastère,
On nous plonge dans la misère ;
Il monte et tout ici descend ;
Voyez comme a tourné le vent !
Grâce, etc.

Toute la morale est proscrite ;
A l'écart on tient le mérite :
Mais il reste assez de talent
Quand les coffres sont pleins d'argent !
Grâce, ete.

Au silence on veut nous contraindre,
Nous pourrons souffrir sans nous plaindre ;
L'esprit peut déplaire au fripon,
Il faut donc le mettre en prison !
Grâce, etc.

O vous, partisans de l'intrigue,
Pour être bien, suivez la ligue ;
Vous pourrez, du soir au matin,
Manger aux dépens du prochain !
Grâce, etc.

Allez grossir la république
De ces gens dont l'œuvre angélique
Arrache si bien au mourant
De quoi consoler le vivant !
Grâce, etc.

SUR LA CENSURE.

Air : *C'est ce qui me désole.*

S'il faut en croire un certain bruit,
Bientôt on réduira l'esprit;
    C'est ce qui me désole!   (*bis.*)
Mais plus l'esprit diminuera,
Plus la sottise augmentera;
    C'est ce qui me console!   (*bis.*)

Oui, les ministres vont, dit-on,
Nous faire présent d'un baillon;
    C'est ce qui me désole;   (*bis.*)
Mais je sais que de tels présens
Annoncent la fin des tyrans;
    C'est ce qui me console!   (*bis.*)

Sans doute que notre air moqueur
Les a mis de mauvaise humeur;
    C'est ce qui me désole!   (*bis.*)
Mais quand nous serons baillonnés,
Nous rirons encor à leur nez,
    C'est ce qui me console!   (*bis.*)

Il est certain qu'étant muets,
Nous serons un peu plus discrets;
    C'est ce qui me désole!   (*bis.*)
Mais nous pourrons encor après
Montrer au doigt bien des méfaits;
    C'est ce qui me console!   (*bis.*)

Les bons livres, par le bigot,
Sont donc destinés au fagot;
    C'est ce qui me désole!   (*bis.*)
Mais je sens approcher l'hiver,
Et l'esprit fait un feu d'enfer;
    C'est ce qui me console!   (*bis.*)

C'EST L'UN OU L'AUTRE.

Air *de* **M.** *de Vautour.*

On dit que le fameux projet
Sur la liberté de la presse,
N'est pas l'œuvre de Peyronnet;
Je n'en sais rien, je le confesse.
On ne peut se dissimuler,
Que Montrouge en connaît la souche :
Mais qu'importe, pour nous voler,
Qu'il soit de Mandrin ou Cartouche.

Tel qu'il paraît, ce nouveau-né
Nous plonge tous dans la tristesse.
Pour le vol s'il a son aîné (1),
Il n'en a pas pour la bassesse.
Son père est trop bien dévoilé,
Ou le reconnaît à la touche;
Mais si l'on doit être volé,
Qu'importe Mandrin ou Cartouche.

---

(1) Le milliard d'indemnité.

Nous attendons tous maintenant
Le sort qu'à ce monstre on réserve ,
On croit que l'infernal enfant
Doit être écrasé par Minerve ,
Sinon tout sera violé !
Le plus haut droit paraîtra louche :
Mais si l'on doit être volé ,
Qu'importe Mandrin ou Cartouche.

Brave Français trop confiant ,
Tu dors tranquille sur ta gloire ;
Tu trouveras en t'éveillant
Des fers pour prix de la victoire ;
Ton histoire sous le scellé ,
Sans doute un baillon sur ta bouche ;
Mais si tu dois être volé ,
Qu'importe Mandrin ou Cartouche.

France ! j'aperçois ton malheur ;
En regardant le ministère ,
En vain j'y veux trouver l'honneur ,
Je vois qu'il est son adversaire ;
On croirait que Rome a parlé
Dans le projet dont il accouche ;
Mais si l'on doit être volé ,
Qu'importe Mandrin ou Cartouche.

Hélas ! on peut voir tout en noir,
Puisque partout on voit la ligue ;
Elle caresse le pouvoir ;
Aussi pour elle il est prodigue.

Pour nous, il est dissimulé,
Il est avare, il est farouche;
Mais si l'on doit être volé,
Qu'importe Mandrin ou Cartouche.

LA GUÉRISON.

Air *de la pipe de tabac.*

Depuis long-temps j'étais malade
Sans cependant garder le lit;
Loin d'être gai, j'étais maussade,
Mais j'avais certain appétit.   (*bis.*)
Enfin, dans les bras d'une amie,
Je me jette, las de souffrir,
Et je passe une fantaisie :
Que ne fait-on pas pour guérir!   (*bis.*)

Du mal passant au bien extrême,
Je croyais à ma guérison :
Hélas! j'y fus trompé moi-même,
Au feu j'avais mis le tison.   (*bis.*)
Je me crus perdu sans ressource,
Mais à tout il est un moyen.
J'ai tranché le mal à la source,
Maintenant je ne sens plus rien!   ) *bis.*)

Ce remède à tous maux s'applique
Et guérit radicalement;
Pour parler ici politique,
Il convient au gouvernement   (*bis.*)

7.

Que la ligue qui le domine
Perde la tête seulement !
La France malade et chagrine
Se rétablira promptement.   (bis.)

LA CHARTE DOIT SURVIVRE

AUX DESSEINS DE L'HYPOCRITE.

Air : *Alte-là ! la garde royale est là !*

Quoique notre indépendance
Déplaise aux bigots puissans,
Nous ne verrons pas, je pense,
Renverser le droit des gens.
La Charte est inviolable,
Et le Roi qui la jura,
Ne peut se rendre coupable.
Qui donc le renversera ?
      On verra,
      On verra ;
Malheur à qui l'osera !

Qu'un ministre plein d'audace
Se dispose à tout changer,
Ou qu'un ultra nous menace
Des soldats de l'étranger ;

Je ris de leur impuissance,
La raison triomphera,
Et pour changer tout en France,
L'audace succombera.
  On verra,
  On verra :
Malheur à qui l'osera !

Français ! calmez vos alarmes,
Cessez de vous affliger ;
Faut-il donc prendre les armes ?
La France est-elle en danger ?
Ne craignez pas les menaces,
L'infâme un jour tombera ;
Il peut occuper les places,
Mais la Charte, malgré ça,
  Survivra,
  Survivra,
A tous ces beaux projets-là.

A L'ÉPREUVE DE L'OR

ON CONNAIT LES HOMMES.

Air : *Votre fortune est faite.*

C'est l'or qu'on aime énormément,
Qui fit inventer la tontine ;
On court y faire un placement,
Croyant en trouver une mine ;

Et l'on y va,
Comptant déjà
Bientôt toucher, posséder ce qu'elle a,
Voir ses consorts
Presque tous morts,
Et seul enfin jouir de ses trésors.
Vertueux, on dit que nous sommes;
Je l'ignorais, j'en doute encor :
Ce n'est qu'à l'épreuve de l'or
Que l'on connaît les hommes.   (bis.)

Moins de bonne foi, plus d'argent,
De bien des gens, c'est la devise;
L'un nous attrape assez souvent
Sous le masque de la franchise;
L'autre autrement,
Dans un moment,
Viendra jurer d'aimer femme qu'il prend,
Quand on sait bien
Qu'il n'en est rien,
Et qu'il ne veut épouser que son bien.
Vertueux, etc.

A mal finir, l'argent conduit
Bien des criminels détestables;
Mais il sauve par son crédit
Des fripons autrement coupables;
Sa qualité,
Sa quantité,
Les lavera de toute iniquité;

Par conséquent,
Assez d'argent,
D'un grand brigand peut faire un innocent !
Vertueux ,etc.

Un ministre, pour dominer
Un peuple qu'il craint plus qu'il n'aime,
Aura soin de le rançonner,
Et gardant le trésor lui-même,
De bien bon cœur
Aura l'honneur,
En le pillant, de crier au voleur !
Puis ses budjets
Seront bien faits,
Si l'on en croit messieurs des tourniquets.
Vertueux, etc.

En place, hélas ! combien de gens
Sous tels ministres nous harcèlent !
On reconnait leurs sentimens
Aux goûts friands qui les décèlent ;
Ils aiment mieux
Dix louis que deux ;
Mais les millions leur feraient mal aux yeux ;
Quelques mille francs
Sont suffisans
De plus par an que leurs appointemens.
Vertueux, etc.

Oui, sauf quelques exceptions
Qu'il est bien doux de pouvoir faire,
Maintenant les ambitions
Tendent toutes vers l'arbitraire ;
    On jurera
    Et faussera
A chaque instant les sermens qu'on fera :
    Pour l'or enfin,
    Il est certain
Qu'on vend son dieu comme le genre humain.
    Vertueux, on dit que nous sommes ;
    Je l'ignorais, j'en doute encor :
    Ce n'est qu'à l'épreuve de l'or,
    Que l'on connaît les hommes.   ((*bis.*)

SUR LA LOI D'AMOUR, PROJETÉE.

Air : *Femmes, voulez-vous éprouver.*

La liberté fut de nos droits
Le premier inscrit dans la Charte ;
Qui fait exécuter les lois
Nous trahit lorsqu'il s'en écarte.
Ministres ! l'énorme budjet,
Tous les ans nous fixe les vôtres,
Nous les acquittons au complet ;
Ne retirez donc rien des nôtres.   (*bis.*

Cette liberté qu'un projet
Menace aujourd'hui de détruire,
Eut toujours le bien pour objet ;
De France veut-on le proscrire ?
Serait-ce la publicité
Qui vous la rend insupportable ?
On ne craint pas la vérité
Quand on sait n'être pas coupable. (*bis.*)

En vain on cherche à l'avilir
Par les traits de la calomnie ;
A la souiller, pour la flétrir,
Du venin de l'hypocrisie.
La liberté triomphera
De toutes les vaines menaces,
Et le jésuitisme échouera.
Ah ! ministres, cédez vos places ! (*bis.*)

A votre règne est attaché
Le malheur de votre patrie ;
Vous avez partout desséché
Tous les canaux de l'industrie.
Un moment notre liberté
Peut fléchir sous votre puissance :
Mais songez que l'iniquité
Ne peut plus gouverner la France. (*bis.*)

Veut-on qu'un peuple de guerriers
Affranchis d'un honteux servage,
Echange aujourd'hui ses lauriers
Contre des chaines d'esclavage !

Rêver tant d'avilissement
Pour des sujets de Sibérie,
Serait un crime assurément;
Mais c'est plus pour notre patrie.   (*bis.*)

Il arrivera l'heureux jour
Où chacun rempli d'allégresse,
Sur les débris des lois d'amour
Verra celles de la sagesse.
Doté, pour la postérité,
D'une gloire immense et féconde,
Le Français doit avec fierté
Marcher à la tête du monde !   (*bis.*)

LE MOYEN DE FAIRE SES AFFAIRES.

Air de vaudeville.

Veut-on travailler à profit,
C'est l'intrigue qu'il faut connaître;
En manteau court on doit paraître,
Si l'on veut avoir du crédit.   (*bis.*)
Pour prospérer dans sa carrière,
Souvent on doit se confesser,
Et maintenant pour avancer,
Il faut galoper en arrière.   (*bis.*)

Examinez d'où vient le vent,
Et pour qu'il vous soit propice,
Laissez la vertu pour le vice;
Faites de tout pour de l'argent.   (*bis.*)

Des faux dévots soyez l'image,
Et vous vous en trouverez bien ;
On peut même par ce moyen
Avoir et rouler équipage.   (*bis.*)

Plus à présent qu'en aucun temps,
L'or produit des effets magiques ;
Il fait mouvoir des mécaniques
Qui vont en dépit du bon sens.   (*bis.*)
Si leur marche, au siècle contraire,
Fait disparaître l'équité,
Elle sert la cupidité
Qui nous conduit à l'arbitraire.   (*bis.*)

A qui doit-on tous ces bienfaits ?
Je réponds quand on le demande,
C'est à celui seul qui commande
Et qui paie les tourniquets.   (*bis.*)
A la tête du ministère,
Cet honnête homme est aujourd'hui
Le chaud partisan et l'appui
De Montrouge et du monastère.   (*bis.*)

Mais il faut bien se conformer
Au système qui nous gouverne ;
Dans l'obsurité, sans lanterne,
Marchons donc sans nous alarmer.   (*bis.*)
Bravons tous avec patience
Le dégoût de l'adversité ;
Saint-Domingue a sa liberté,
Et nous, nous avons l'Espérance !   (*bis.*)

S.

LE MONDE A PRÉSENT

N'EST DONC JAMAIS CONTENT.

Air *du Gros Thomas.*

Dans mon temps perdu,
Bien ou mal je chante pour rire;
Mais qu'ai-je entendu ?
L'on a pris pour une satire
Un innocent refrain
Que je fis un matin ;
Et , pour une chanson badine ,
J'aperçois qu'on me fait la mine.
Le monde à présent
N'est donc jamais content.

De la vérité ,
Un trait échappé par mégarde ,
Aurait-il porté
Sur un seigneur ? Non , j'y prends garde ,
Et tout ce que j'ai dit ,
Se trouvant en écrit ,
Je vois , au sens que je lui donne ,
Qu'il ne peut atteindre personne.
Le monde à présent
N'est donc jamais content.

Sur le mot Gascon,
J'ai fait une chanson nouvelle
Où chacun, dit-on,
Reconnaît M. de Villèle.
Si l'on y voit du mal,
Je le crois idéal ;
En parlant de son Excellence,
J'ai dit tout le bien que j'en pense.
Le monde à présent
N'est donc jamais content.

Ai-je fait siffler
Son illustre nom que l'on chante ?
Pouvais-je en parler
D'une façon plus éclatante ?
D'en faire un capucin,
Je n'eus jamais dessein ;
Si ma voix était assez forte,
J'irais le chanter à sa porte.
Le monde à présent
N'est donc jamais content.

Voyons, qu'ai-je dit
Que sans crainte on ne puisse dire ?
Ou bien qu'ai-je écrit,
Que sans mal on ne puisse lire ?
Pour moi la vérité
Ne m'a jamais heurté ;
J'ai mis la probité sévère,
La vertu dans son ministère :
Le monde à présent,
N'est donc jamais content.

Armé du pouvoir,
Il fait le bonheur de la France,
Même il ne peut voir
Couler le sang de l'innocence.
Non, non, en bon chrétien,
Il aime trop le bien,
Et l'amour qu'il a pour le nôtre,
Prouve assez qu'il n'en veut pas d'autre.
Le monde à présent
N'est donc jamais content.

Où donc est le tort
Qu'à ce ministre j'ai pu faire ?
Ai-je dit qu'il dort
Comme le comte de Corbière ?
Revoyez mes couplets ?
J'ai chanté ses hauts faits ;
A moins qu'on les métamorphose,
L'on n'y peut trouver autre chose.
Le monde à présent
N'est donc jamais content.

Cet homme, à mes yeux,
Possède le talent de plaire.
Aimeriez-vous mieux
Le voir ailleurs qu'au ministère ?
Parlez... je n'y tiens pas.
Le voulez-vous plus bas ?
Par mes vers je peux le descendre,
Autrement il faudrait s'entendre.
Le monde à présent
N'est donc jamais content.

LE LICENCIEMENT DE LA GARDE NATIONALE,

OU

RIRA BIEN QUI RIRA LE DERNIER.

Air : *Ah ! vous dirai-je , maman.*

Qu'il est joli ! qu'il est gai !
Le Champ de Mars ou de Mai.
C'est toujours là qu'on apprête.
Ce que l'on nomme une fête ;
Mais je chante en ce moment
Celle du licenciement.

Souverain vit-il jamais
Tel élan de ses sujets !
Nous fêtions la monarchie ,
Bravo ! dit la ligue impie !
Vous serez récompensés
Plus tôt que vous ne pensez.

Nous le fûmes en effet
Plus tôt que l'on ne pensait.
Pour servir la perfidie ,
Sans doute l'hypocrisie
Aura jeté son venin
Sur les pas du souverain.

Le lendemain d'un beau jour
Peut être affreux à son tour ;
Nous connaissons l'ordonnance ,
Qui le prouve assez , je pense.
   Hier on était content ,
Aujourd'hui c'est différent.

Pour sauver nos libertés ,
Nommons de bons députés :
Il est temps que l'on apprenne ,
De quelque pays qu'on vienne ,
Que frapper insolemment ,
Ce n'est pas impunément.

Nous avons déjà *Bignon* ,
Partout nous aurons raison ;
Mais la ligue peste et jure
Quoiqu'elle ait de *la pâture* ,
Il ne nous faut que DUPIN ,
Pour augmenter son chagrin.

France , en vain les intrigans ,
Veulent frapper tes enfans ;
A leurs mesures sinistres ,
On voit tomber les ministres ,
Malgré l'appui des ventrus
Et la clique par *dessus*.

Après leur chute on verra
Qu'on nous délicenciera.
La Garde nationale
Survivant à la cabale ,
Avec la raison sera
La dernière qui rira.

LA REVUE DU LICENCIEMENT

APRÈS LE REJET DU PROJET DE LA LOI D'AMOUR.

Air : *Cadet Roussel est bon enfant.*

Pour étouffer la liberté,　　　　*(bis)*.
Un beau projet fut inventé ;　　*(bis.)*
Mais cet enfant de la bassesse
Fut rejeté par la sagesse :
　　Oh ! oui, vraiment,
Cadet Roussel est bon enfant.

Un jour magnifique approchait,　　*(bis.)*
Mont-Rouge, en y pensant, tremblait ; *(bis.)*
Chacun se préparait d'avance
A bien fêter le roi de France :
　　Oh ! oui, vraiment,
Cadet Roussel est bon enfant.

Au Champ de Mars on se rend,　　*(bis.)*
Et là Charles dix entendit　　　*(bis.)*
Les cris de la reconnaissance,
Partis du cœur en abondance :
　　Oh ! oui, vraiment,
Cadet Roussel est bon enfant.

Vive le roi ! voilà les cris   *(bis.)*
Qui retentissaient dans Paris ;   *(bis.)*
Mais le lendemain fit comprendre
Qu'on était las de les entendre :
    Oh ! oui , vraiment ,
Cadet Roussel est bon enfant.

Ce fut par le licenciement   *(bis.)*
Qu'on paya notre dévouement ;   *(bis.)*
Et la garde nationale
Vit triompher une cabale :
    Oh ! oui, vraiment ,
Cadet Roussel est bon enfant.

Nos bons ministres chaque jour   *(bis.)*
Nous font goûter leurs lois d'amour ;   *(bis)*
Pour la gloire de Saint-Ignace ,
Il n'est rien qu'aucun d'eux ne fasse.
    Oh ! oui , vraiment ,
Cadet Roussel est bon enfant.

Allons , Messieurs, rompons nos rangs ; *(bis.)*
Et cédons tout aux intrigans.   *(bis.)*
Si l'on peut aimer l'arbitraire ,
Ils ont tout ce qu'il faut pour plaire :
    Oh ! oui , vraiment ,
Cadet Roussel est bon enfant.

Par la honte et la trahison ,   *(bis.)*
Les ministres se font un nom ;   *(bis.)*
Ils arrivent même au sublime
En tournant le dos à l'estime.
    Oh ! oui , vraiment ,
Cadet Roussel est bon enfant.

Cela doit-il long-temps durer ?   *(bis.)*
On ne peut se le figurer ;   *(bis.)*
Nous verrons un terme à l'outrage ,
Bientôt éclatera l'orage.
    Oh ! oui , vraiment,
Cadet Roussel est bon enfant.

LE DÉCROTEUR DE LA FRANCE.

Air : *Votre fortune est faite.*

Ou : *Suzon sortant de son village.*

Sur terre, où l'on n'est qu'un moment,
Y souffrir est la loi commune ;
Mais le plus pénible tourment
Est le désir de la fortune.
    Pour arriver
    Et la trouver,
Que de dégoûts elle fait éprouver !
    Dans des momens,
    On voit des gens
Vendre pour elle amis, femme et parens.
    Moi, je me ris de l'opulence
    Que l'on doit souvent au hasard ;
    J'aime mieux arriver plus tard
    Et décroter la France.

La fortune égare souvent
Le parvenu qui la possède ;
L'un prend le ton d'un insolent,
L'autre est tranchant et veut qu'on cède.
Pour l'orgueilleux,
Le vaniteux,
Il est trop peu de respect en ces lieux,
Et cependant,
Auparavant,
Étaient-ils bien ce qu'ils sont maintenant ?
Moi, je me ris, etc.

Je connais un imitateur
Des vanités de ce bas monde,
Qui représente en bon acteur
Une fortune où l'or abonde.
Sans rien avoir,
Il faut le voir
Briller le jour, le matin et le soir ;
Mais sa valeur
Et sa grandeur
Ont pénétré la femme d'un seigneur.
Moi, je me ris, etc.

Pour parvenir, un intrigant
N'avait rien ; mais il se marie,
Il devint riche en épousant
Pauvre fille, jeune et jolie,
Mais ce trésor,
Tout vierge encor,
Lui produisit, en prenant son essor,

Beaucoup de biens,
Que pour des riens
L'on peut trouver dans de doux entretiens.
Moi, je me ris, etc.

On ferait un triste tableau
Des vices de la capitale,
Si l'on y mettait, sans bandeau,
La fortune qui les étale.
Plus de secret,
Car l'on verrait
Pour s'enrichir tout ce que chacun fait;
Bien des maris
Seraient surpris
De voir la tige où l'on cueille leurs fruits !
Moi, je me ris, etc.

Sans chagrin, je laisse partir
Les traits de ma chanson gaillarde;
Je crois qu'ils pourront avertir
Quelques bons maris d'être en garde;
Moi comme eux tous,
Je suis époux,
Et mon honneur n'est pas sous les verroux;
Croyant au bien,
Je ne crains rien,
Je m'en rapporte à mon ange gardien.
Mais s'il est vrai que l'inconstance
Nous réserve à tous une part,
J'aime mieux arriver plus tard,
Et décroter la France !

SUR LES ASSURANCES.

Air : *Femmes, voulez-vous éprouver.*

Contre le feu, la grèle et l'eau,
On nous offre la garantie ;
Mais ce qui doit sembler nouveau,
C'est de nous assurer la vie !
Rien n'est impossible à présent,
Et pour tranquilliser nos âmes,
On offrira probablement
D'assurer la vertu des femmes !

Pour protéger l'humanité,
Par un acte de bienfaisance,
On nous donna la liberté,
La censure en est l'assurance.
Nous sommes trop heureux vraiment,
Grâce à ce bienfait tutélaire ;
Si l'on nous traite injustement,
Nous aurons le droit de nous taire.

Obligez donc, sans différer,
Chacun à tenir sa promesse.
On pourra se faire assurer,
Pour n'être plus trompé sans cesse ;
Mais l'espérer, c'est vainement ;
Y prétendre serait folie.
On a trompé jusqu'à présent,
On trompera toute la vie.

LA RÉCOMPENSE ÉTERNELLE.

Air *du Dieu des bonnes gens.*

Chacun de nous , sur la machine ronde
Vient y remplir son rôle tour à tour,
Et bien ou mal, figurant en ce monde,
Par l'espérance arrive au dernier jour;
Mais le destin , ordonnant qu'on succombe ,
L'homme de bien au ciel monte aussitôt...
S'il est bien vrai qu'en allant dans la tombe,
  On puisse aller en haut.   (*bis.*)

Quand aux soutiens d'un pouvoir arbitraire ,
Qu'adroitement on dit tenir des dieux ,
Pour asservir et rendre tributaire ,
Insulter même un peuple glorieux ,
C'est en enfer , duquel on nous menace ,
Pour nous contraindre à leur être soumis ,
Que Lucifer leur destine une place !...
  Allez , partez , maudits !   (*bis.*)

Non ! quoi qu'en dise une secte infernale
Qui leur promet le céleste séjour ,
Jamais au ciel n'entrera leur cabale ,
Dieu ne veut pas de tyrans à sa cour.
Qui de tout temps a pu troubler la terre ,
Peut-être aussi pourrait troubler les cieux;
Au Tout-Puissant s'ils ne faisaient la guerre ,
  Ils la feraient entre eux.

CONGRÈS DE VÉRONNE

CONTRE LA LIBERTÉ DE L'ESPAGNE

QUI VENAIT DE S'AFFRANCHIR.

Air : *Des fraises.*

On croit voir le résultat
Du congrès de Véronne ,
L'éclair jailli du débat ,
Annonce par son éclat,
Qu'il tonne , qu'il tonne , qu'il tonne !

J'entends dire aux courtisans ,
La guerre est nécessaire ;
Mais ce sont de bonnes gens
Qui voudraient bien qu'on l'eût sans
La faire , la faire , la faire !

Dans leur superbe raison
Ils cachent leur délire ,
Et nous aurions du canon
S'ils ne craignaient pas tant son
Soupir ! soupir ! soupir !

S'il est vrai qu'ils en ont peur ,
Ils ne sont pas à craindre.
L'Espagne aurait du bonheur,
Et ne pourrait pas , d'honneur ,
S'en plaindre , s'en plaindre , s'en plaindre.

Des peuples dans l'embarras,
N'augmentons pas les peines :
Eh ! pourquoi donc des combats ,
La liberté ne veut pas
De chaînes , de chaînes , de chaînes.

LES HEUREUX DU JOUR.

Air *du Premier pas.*

Ils sont heureux ceux dont la Providence
N'est qu'un métal qu'on voit rouler chez eux.
Leur dieu se trouve auprès d'une excellence,
Qui fait payer comptant leur complaisance :
    Ils sont heureux.   (*bis.*)

Ils sont heureux , faciles à connaître
A leur maintien gascon religieux
Ils sont certains des faveurs de leur maitre ,
En trahissant le peuple pour le prêtre :
    Ils sont heureux.   (*bis.*)

Ils sont heureux en suivant son allure ;
Aussi va-t-il au-devant de leurs vœux.
L'un est porté pour une préfecture
Et l'autre attend une magistrature :
    Ils sont heureux.   (*bis.*)

Ils sont heureux , et leur munificence
Insolemment se montre à tous les yeux.
Ayant leur part au gâteau d'abondance ,
Tous leurs amis arrivent dans l'aisance.
      Ils sont heureux.   (*bis.*)

Ils sont heureux, qu'importe leur dépense ,
Quand nous payons leurs tables et leurs jeux.
Ils peuvent bien éclabousser la France ,
Sans qu'on leur dise un mot qui les offense.
      Ils sont heureux.   (*bis.*)

Ils sont heureux, depuis que la censure
Nous tient cachés leurs méfaits odieux !
En étouffant la plainte et le murmure ,
Tranquillement peut vivre l'imposture.
      Ils sont heureux.   (*bis.*)

Restez heureux, fiers de votre puissance ,
Assez, par vous , on fait des malheureux !
Celui qui n'eut jamais de conscience ,
Peut bien tromper , voler sans répugnance.
      Restez heureux !

LA CHUTE DU MINISTÈRE DÉPLORABLE.

Air : *Silence, silence, silence.*

Victoire ! victoire ! victoire !
Encore pour nous un jour de gloire.
Français, nos vœux sont exaucés ,
Les ministres sont renversés !

Air : *Du haut en bas.*

Ils sont en bas ;
Enfin notre France respire ;
Ils sont en bas.
Et loin d'être maigres sont gras ;
Nantis de tout , ils peuvent dire :
Nous vous laissons
Le mot pour rire
Et des chansons.

Air : *Au Clair de la Lune.*

Car pour la finance ,
Ils n'en laissent plus ;
Chez eux seuls en France ,
Sont tous nos écus.
Rentrant dans la foule ,
Ces hommes loyaux
Emportent la poule ,
La plume et les os.

10.

Air : *Souvenez-vous-en.*

Oh ! chez les Turcs, leurs amis,
S'ils en avaient autant pris,
On les eût mis au carcan
  C'est bien différent ;   (bis.)
Car chez nous ils pourront bien
Rire en mangeant notre bien.

Air : *Des Fraises.*

Mais oublions les filous
Qu'à bon droit l'on déteste :
Du présent jouissons tous,
L'avenir fera pour nous
Le reste, le reste, le reste.

Air *de M. Vautour.*

Nous devons des remerciemens
Aux électeurs de la patrie,
Aux sages des départemens,
Aux protecteurs de l'industrie.
Ennemis de l'iniquité.
A leur voix tombe le faussaire,
Les amis de la liberté
Ne le sont pas de l'arbitraire.   } bis.

Air : *O Filii et Filiæ !*

Plus de gens à vendre ou vendus,
Moins de fripons, plus de vertus,
Et mieux l'on nous gouvernera,
    Alleluia !

LES CONSOLATIONS.

Air : *Faut l'oublier , faut l'oublier.*

Consolez-vous , Gascon fidèle ,
Bientôt , par la postérité ,
Mieux qu'ici vous serez fêté ;
Partez où la gloire vous appelle ,
Non , restez plutôt parmi nous ;
Et si quelqu'un vous inquiète ,
Pour vous défendre , assez de fous
S'aligneront dans la gazette.
Consolez-vous , consolez-vous.   } *bis.*

Consolez-vous , le coup extrême
Lancé par votre autorité ,
Pour frapper notre liberté ,
Vous fit voir combien on vous aime.
Vous avez éprouvé les goûts ,
Et tous les vœux de la patrie.
Tombé, vous releverez-vous ?
Oui , la gazette le parie :
Consolez-vous , consolez-vous.   } *bis.*

Consolez-vous , dans l'espérance
Qu'il vous reste encor des amis ;
La robe courte et le surplis
Seront pleins de reconnaissance.
Les Jésuites soutiendront tous
Celui qui leur donna des places ;
Vous pouvez leur tâter le pouls ,
Ils ne sont pas gens à deux faces :
Consolez-vous , consolez-vous.   } *bis.*

Consolez-vous, car leur puissance,
Bien assez visible aujourd'hui,
N'aurait pu croître sans l'appui
De votre défunte excellence.
Sans doute on les verra jaloux
De vous prouver leur gratitude,
Et, criminel sous les verroux,
Vous auriez la béatitude :
Consolez-vous, consolez-vous.   } bis.

Consolez-vous, s'ils sont tartuffes,
Il vous reste un certain côté,
Rempli de la vivacité,
Qu'autrefois lui donnaient vos truffes.
On vous accuse et son courroux
Se montre habile à vous défendre ;
Et si vous n'étiez pas absous,
Pour vous-même il se ferait pendre : } bis.
Consolez-vous, consolez-vous.

Consolez-vous, le ministère
Sans vous, ne peut aller long-temps ;
Sa marche est contre le bon sens,
Puisqu'à la vôtre elle est contraire.
Votre système était plus doux
Pour celui qui hait la Charte,
Et sans parler ici pour nous...
On peut rappeler qui l'écarte : } bis.
Consolez-vous, consolez-vous.

Consolez-vous, dans la pairie,
Où vont briller tous vos talents,
Faites naître des mécontents ;
Et qu'on tremble pour la patrie !
Que les libéraux passent tous
Au tranchant de votre éloquence ;
Et s'ils succombent sous vos coups,
Vous pourrez dévorer la France :
Consolez-vous, consolez-vous.
} bis.

L'ÉLOGE DU GRAND GASCON,

PAR

UN PETIT NORMAND.

Français ! n'est-il pas temps de rompre le silence !
Faut-il rester muets à la reconnaissance ?
Quoi ! le grand directeur de notre beau pays
Ne pourra parmi nous trouver quelques amis
Dont les nobles accents, en chantant sa louange,
Puissent nous attester qu'il est beau comme un ange !
Mais ouvrez donc les yeux, et voyez aujourd'hui
Tout ce qu'il fait pour nous sans ce qu'il fait pour lui.
Sa gloire en ce moment peut paraître sans voile,
Ce soleil peut briller sans l'éclat de l'étoile (1).
Cependant l'on n'entend aucun admirateur
Nous vanter son talent, sa vertu, son honneur !
Il semblerait vraiment, lorsque partout on l'aime,
Qu'il soit réduit en France à s'estimer lui-même.

____

(1) Journal du Soir alors.

Attendrait-on de moi, pauvre petit Normand,
Un éloge complet d'un Gascon aussi grand !
Ah ! si ma faible voix pouvait se faire entendre,
Que, malgré mon accent, chacun pût me comprendre,
Pour lui plein de respect, en ôtant mon bonnet,
De ses plus belles fleurs je ferais un bouquet ;
Mais essayons un peu, seulement pour mémoire,
De tracer au crayon quelques traits à sa gloire.
On ne peut qu'abréger le bien qu'on en dira ;
Eh bien ! nous finirons par un *etcætera*.

Abordons le sujet, et, sans préliminaire,
Disons que de Toulouse il fut originaire ;
Que tout jeune outre-mer il fut, fouet en main,
Apprendre à régenter un peu le genre humain ;
Mais que la liberté, réveillant ses esclaves,
Décida son retour dans le pays des braves.
« Je pars, aurait-il dit au nègre en le quittant ;
Puissent vos pleurs passés aller du noir au blanc !
Pour mon pays natal vous me voyez en route ;
Vous entendrez un jour parler de moi, sans doute. »
Et puis en soupirant, il quitta leur pays,
Et revint dans le sien chercher d'autres amis,
Où quelque temps, sans doute, éloigné des affaires,
Il pensait aux momens qui lui seraient prospères.
En effet, tout changea, l'on eut besoin de lui,
Et chacun peut savoir ce qu'il vaut aujourd'hui.
Car il n'a pas été plus tôt au ministère
Que l'on aura pu voir ce qu'il y savait faire.

De jolis tourniquets entourés de faveurs,
Imaginés par lui, rétablirent les mœurs.

Ce moyen délicat fit entrer sans scandale
Les hommes qu'il voulait dans l'urne électorale.
C'est ainsi qu'il acquit cette majorité
Qui devait le conduire à la postérité !
Il savait qu'à ses vœux elle serait propice,
Elle n'y manqua pas, faut lui rendre justice!
Cet appui nécessaire et plein de sa vertu,
Dans les plus grands périls l'a toujours défend
Mais il n'est pas en vain ministre des finances,
Il peut récompenser les hautes espérances.
Ce que j'en dis ici suffit pour faire voir
Combien il a d'adresse et surtout de savoir !

A-t-il moins de génie ? Admirez donc l'Espagne !
Il a fait son bonheur en moins d'une campagne !
Après les Espagnols, quel peuple est plus heureux,
Si ce ne sont les Grecs, qui le sont autant qu'eux !
Où donc en seraient-ils, si l'illustre excellence
Ne les eût délivrés de leur indépendance !
Mais ce qu'il fit pour eux il le ferait pour nous.
Or donc de leur bonheur ne soyons pas jaloux.
Puissent nos bons voisins, auxquels il rend leur maître,
N'avoir à détester maintenant qu'un seul traître !
Qui n'a qu'un ennemi n'est pas trop malheureux !
Si l'on doit en avoir, un seul vaut mieux que deux.
Pour nous, c'est différend, nous en avons des masses,
Et qui ne vivent pas seulement de grimaces ;
Car sans compter ici ceux qu'on voit à la cour,
Ce serait peu pour eux qu'un million chaque jour.
Et pour nous qui payons c'est une bagatelle,
Peut-on rien refuser à Monsieur de Villèle !

Lui faut-il un milliard pour une indemnité ?
Voyez comme il l'enlève avec facilité.
Écoutez mon Gascon, la fleur de l'éloquence,
Lorsqu'il vient demander ce milliard à la France !
Il ne coûtera rien; avec son trois pour cent,
On pourra le payer sans débourser d'argent.
Sans y croire il le dit, sans rougir il l'assure.
A peine a-t-il parlé qu'on est à la clôture,
Et selon son projet, ce qu'il a demandé,
Sans en rabattre un sou par elle est accordé.
Tout notre or fond chez lui comme au soleil le beurre;
Mais le milliard est frit, c'est en vain qu'on le pleure !
Comment aurait-il fait pour rembourser le vol
Commis au nom des lois ! Par l'habitant du sol,
Il fallait bien payer, et quoiqu'il nous en coûte,
Nous sommes des voleurs ou je n'y connais goutte.
A la tribune encor j'entends le député
Qui nous lançant ce trait ne nous a pas raté ;
L'épithète est heureuse et mérite une fête
Où devrait figurer une cravache honnête !
Rendez donc aux Césars tout le prix de leur bien !
Donnez celui du vôtre et moi celui du mien ;
Il faudra bien aussi que l'on nous indemnise,
Et notre tour viendra peut-être après l'Église.
Ce pays peut payer; même il est surprenant
Qu'un sol qui produit trop (1) ne paie pas comptant,
Où l'esprit pénétrant qui vanta sa fortune
N'en aura vu l'excès qu'au déclin de la lune ;
Toujours est-il certain qu'à quelques milliards près,
La France est beaucoup mieux qu'elle ne fut jamais.

(1) Syriès, député.

Cependant on se plaint, et l'on en craint les suites
Parce que les plaignans sont, dit-on, les jésuites;
Ils dominaient jadis les peuples et les rois,
Et veulent maintenant être comme autrefois.
Eh! pourquoi donc le ciel vous donna-t-il des prêtres,
Si ce n'est, disent-ils, pour vous parler en maîtres?
Ah! Messieurs, s'il vous plaît, tâchez d'y réfléchir,
Qui toujours commanda ne sait pas obéir.
Mais, me répondra-t-on, si leur saint ministère
Se trouve mal ici, il serait arbitraire
Qu'on les force à rester. Qui les retient chez nous?
Ils en étaient bannis. Que veulent ces jaloux?
N'ont-ils pas obtenu du pouvoir qui les aime
Les places qu'autrefois nous occupions nous-même?
Logés dans des palais, seraient-ils aussi mal
Que le sont nos guerriers qui n'ont que l'hôpital?
Ne comptent-ils pour rien toutes les marchandises
Qu'ils font vendre à chacun aux portes des églises!
Ils sont donc malheureux ceux qu'on voit à présent
Courir de ville en ville enlever notre argent;
Qui trouvent tant de mains pour recevoir et prendre,
Et qui n'en ont jamais lorsqu'il s'agit de rendre!
Pourtant à ce métier on fait un grand profit.
Dans tout autre commerce on a bien moins d'esprit...
Quoique les fainéans soient toujours fort à plaindre,
Puisqu'ils vivent du vol, ceux-ci n'ont rien à craindre.
Ne les écoutons pas; ils peuvent dire encor
Qu'ils sont heureux chez nous comme dans l'âge d'or.
Il ne leur manque plus qu'un certain droit d'aînesse
Pour rendre à leur bonheur l'éclat de sa jeunesse,
Et de leur part je dis qu'il est inconvenant
De se plaindre d'un homme auquel ils doivent tant.

Où trouveraient-ils mieux ? Qui plus que lui s'exerce
A soutenir leurs droits, protéger leur commerce !
Peut-être pensent-ils qu'il n'a pas assez fait,
Et que ne faire assez, c'est manquer le bienfait.
Cependant pour nous tous il se mettrait en quatre ;
C'est trop, dit mon pays, et je vais en rabattre.
Je suis peu disposé en faveur du héros
Qu'il vous plaît de chanter bien ou mal à propos ;
Je dirai seulement que je suis las d'entendre
Élever un fripon que l'on devrait descendre.
Bientôt, si l'on en croit vos discours mielleux,
Les faisans tout rôtis nous tomberont des cieux.
Oui, mais nous qui savons, tout heureux que nous sommes,
Qu'avant chaque récolte il a mangé nos pommes ;
Que, convertis en or, chez lui passent nos grains ;
Que de la France entière il consomme les vins ;
Qu'un milliard tous les ans qu'à sa table l'on vote
(Et qui passe à Mont-Rouge, ou bien qu'il escamote),
Ne peut pas lui suffire, et qu'il lui faut de plus
Rapiner les rentiers en rognant leurs écus.
Ma foi, je l'avourai, la fureur me transporte,
Je voudrais le voir pendre, ou le diable m'emporte !

Fort bien ! Y pensez-vous ? répliquai-je à mon tour,
Vous traiterez ainsi l'ami des lois d'amour !
Faites battre la caisse ou bien sonner les cloches,
Allez publiquement lui faire vos reproches.
Vous m'avez fait trembler ! Gardez votre secret ;
Il est bon maintenant d'être un peu plus discret.
Qui ne sait, comme vous, que dans son ministère
Est la source du mal qui répand la misère ;

Qui pourrait ignorer qu'il cause nos malheurs,
Met la France aux abois et les Français en pleurs ;
Que la fraude par lui se trouve bien placée,
Qu'elle veut y rester. J'ai la même pensée.
Mais, devons-nous le dire, oh ! soyons plus prudens !
La pure vérité peut fâcher bien des gens.
Redoutez les verrous. Oui, je vous le répète,
Quand on est indiscret souvent on le regrette.
Adieu ! de ma leçon si vous êtes content,
Réduisez-vous, mon cher, sinon au trois pour cent,
Assez pour profiter de l'avis qu'on vous donne ;
Lorsque l'on peut se taire on n'offense personne.
Si vous ne le pouvez, au moins parlez tout bas,
Et que l'homme aux aguets ne vous entende pas ;
Ou sur un air moqueur montez votre langage.
Souvent en persiflant on frappe davantage.

Le moyen est plaisant, reprit-il sans façon,
Je ne pourrai jamais d'un loup faire un mouton,
Je n'ai pas le talent de la metamorphose ;
Si je le possédais, j'en ferais autre chose,
Je le rabaisserais au niveau des filous
Qui d'un homme autrefois faisaient des loups-garous.
— Mais dites simplement qu'il est doux et modeste,
Que pour la loyauté c'est un être céleste ;
Qu'il est un des soutiens de notre liberté,
Qu'il hait le mensonge, aime la vérité ;
Qu'il est bon citoyen ; que surtout la nature
Ne produisit jamais d'excellence plus pure ;
Qu'il est à présumer que même le soleil
Sourit en éclairant ce Gascon sans pareil,

Et qu'enfin il n'est rien sur la machine ronde
Qui soit plus honorant ni plus sincère au monde.
Voilà comme on s'y prend. Cette feinte douceur
Enveloppe un poignard qui lui perce le cœur;
Prenez pour tel combat l'arme de l'ironie,
Sa blessure est certaine et rarement punie.
La franchise en ce cas ne vous produirait rien,
Qu'un mesquin logement où vous m'entendez bien.
Mais c'est trop discourir; pardon si je vous quitte,
J'aperçois un mouchard; je me sauve... et bien vite.

L'AMITIÉ.

Air : *O ma Zélie !*

Pour bien aimer il faut être fidèle ,
De l'amitié suivre toujours les lois.
Alors , partez , quand l'amour vous appelle ,
Vous trouverez le bonheur à sa voix !

Mais cet amour que tout le monde adore ,
Sans l'amitié n'est plus qu'un séducteur.
Ses feux ardents , qu'un désir fait éclore ,
Sans l'amitié , tromperont le bonheur.

C'est l'amitié qui , dès notre jeunesse ,
Prend soin de nous et satisfait nos vœux.
C'est elle encor, dont la vive tendresse
Offre à l'erreur un pardon généreux.

C'est l'amitié, qui toujours dédommage
De tous les maux qu'il nous faut endurer ;
Et si l'on voit le bonheur en ménage ,
C'est l'amitié qui le fait respirer.

Sans l'amitié, guide de la sagesse ,
Dieux ! que d'époux verraient rompre leurs nœuds !
Que les échos le répètent sans cesse ,
Sans l'amitié l'on ne peut être h eureux.

LE DOYEN DES CHEVALIERS.

Air : *du Curé de Pomponne.*

Chevalier ! par ordre du Roi ,
  C'est moi qui vous décore ,
Afin d'obéir a la loi ,
  Qui tous deux nous honore.
Cependant, il s'en manque bien
Qu'elle me rajeunisse ;
  Mais , pour être doyen ,
    Il faut bien
Qu'un jeune homme vieillesse !

Aujourd'hui , vaillant chevalier ,
Que vous êtes des nôtres ,
Moi , je ne puis me glorifier
D'être partout des vôtres ;
Votre âge , préférable au mien ,
Près des dames l'emporte .
  Et vous vous doutez bien
    Qu'un doyen
En vain frappe à leur porte !

Or, en servant le souverain ,
  Si Dieu vous prête vie ,
N'en attendez pas le déclin ,
  Pour servir votre amie.
En sens inverse, ah ! si le temps
  Veut faire aller ses ailes ,
  Qu'il m'ôte au moins trente ans ,
    J'y consens.
Pour être utile aux belles !

COUPLETS DE NOCE

POUR ÊTRE CHANTÉS AUX ÉPOUX

LE JOUR DE LEUR MARIAGE.

Ai   *Oh ! daignez m'epargner le reste.*

Voulez-vous long-temps être heureux
Et vivre en bonne intelligence ,
Ne faites jamais qu'un des deux ,
De l'Hymen , telle est l'ordonnance.
Pour la paix et pour les amours ,
Il faut mettre chacun du vôtre ;
Mais le plus aimable toujours   (*bis.*)
Doit céder quelque chose à l'autre.   (*bis.*)

Dans le ménage il faut d'abord ,
Après le doux prendre l'utile. ;
Pour l'intérêt , étant d'accord ,
Le reste n'est pas difficile.
Aimez avec fidélité ,
Pour éviter la loi commune ;
Les articles de nouveauté   (*bis.*)
Ont quelque droit à la fortune.   (*bis.*)

Eloignez-vous de tout objet
Qui peut troubler votre ménage ,
Et vous n'aurez jamais sujet
De vous plaindre du mariage.

N'imitez pas certaines gens
Qui se font un jeu du parjure :
On doit respecter ses serments   (*bis.*)
Quand on respecte la nature.   (*bis.*)

S'il naît entre vous un débat ,
Aux propos fermez la barrière ;
Ou, mettant les pieds dans le plat ,
Prenez garde à la poivrière.
Un mot échappé du courroux ,
Peut offenser l'objet qu'on aime,
Et nous faire manger chez nous ,   (*bis.*)
D'autre fromage qu'à la crème !   (*bis.*)

IL N'EST HEUREUX QU'EN RÊVANT.

Air ; *Eh ! vogue ma nacelle.*

Mourir peu m'inquiète ,
Disait Alphonse en pleurs ;
J'ai perdu ma Lisette ,
Adieu ! tendres douceurs !
Fuyez mon âme aimante,
O vous ! doux souvenirs !
Vous , ô doux souvenirs !
Aimer une inconstante,
C'est aimer pour souffrir.   (*bis.*)

Je tenais à la vie ,
Pour elle uniquement ;
S'il faut que je l'oublie ,
Dieux ! dites-moi comment.
Dans ma douleur cruelle ,
Partout je vois ses traits !
Je vois partout ses traits !
Quand tout me la rappelle ,
L'oublierai-je ? Jamais.   (*bis.*)

Loin d'elle tout m'ennuie ,
Et quand je peux dormir ,
Je crois qu'à mon ouïe ,
Sa voix vient retentir.
Alors son doux langage
Séduit si bien mon cœur !
Si bien séduit mon cœur !
Que loin de son rivage
Je goûte le bonheur.   (*bis.*)

Mais dès que je m'éveille ,
Plus de songes charmans ;
Rien d'elle à mon oreille
Ne vient frapper mes sens.
Détrompé , je me lève
Bien triste et désolé !
Triste et bien désolé !
J'attends un autre rêve
Pour être consolé,   (*bis.*)

12.

LE BEL AGE.

Air : *Bon voyage, Monsieur Dumollet!*

Le bel âge n'est qu'un printemps
Un peu plus long que la saison d'usage :
Le bel âge n'est qu'un printemps
Un peu plus dur aux époux qu'aux amans.

Dans nos climats, à quinze ans il commence ;
Jusqu'à cinquante il peut nous tourmenter !
En le passant on dispute et l'on danse ;
Du bien, du mal, il faut se contenter.
    Le bel âge, etc.

La raison vient, on songe au mariage ;
De commander on est impatient,
Et l'on n'est pas plus tôt dans son ménage
Que le contraire arrive assez souvent.
    Le bel âge, etc.

Un époux soit quand le besoin commande,
Il faut nourrir du lien les douceurs :
S'il rentre tard, sa femme le gourmande,
Un autre jour il aura d'autres fleurs.
    Le bel âge, etc.

On dit que Lise aimerait mieux l'absence
Et que toujours au-dehors fut le sien :
Ainsi voilà comme tout se compense.
Dans le ménage, ô mon Dieu! qu'on est bien!
    Le bel âge, etc.

Un mari sage, une femme fidèle,
Vivant en paix, s'aimant bien tendrement,
Sont des époux qu'on attend pour modèle,
Et qui viendront sans doute incessamment !
    Le bel âge, etc.

En attendant, pour passer ce bel âge,
La patience est ce qui vaut le mieux.
Nous arrivons à la fin du voyage,
On nous enterre et nous montons aux cieux !
    Le bel âge, etc.

Assez savant, j'ai voulu vous instruire ;
Ma femme vient, je finis l'oraison.
La verrait-elle ? il faudrait s'en dédire,
Et ce serait tout une autre chanson.
    Le bel âge, etc.

IL NE DÉSIRE PLUS ! IL FUIT.

Air : *Je te perds, fugitive espérance !*

L'abandon sera donc l'héritage
Et le prix de mes tendres douceurs.
Doux espoir ! relevez mon courage,
Car l'amour me cause trop de pleurs.

Un ingrat que j'aimais me délaisse,
Et pourtant que n'ai-je fait pour lui !
Son amour captivant ma tendresse,
En obtint ce qu'il fuit aujourd'hui.

Loin de lui, le tourment que j'endure
Peut à peine, hélas! se concevoir.
Cependant je souffre sans murmure,
En songeant que je peux le revoir.

Pour l'amour ayons moins de faiblesse,
Avant tout, fixons-le, s'il se peut.
Résistons au désir, s'il nous presse,
Car il fuit dès qu'il a ce qu'il veut.

LA CRAINTE.

Air : *Sexe charmant, j'adore ton empire.*

Oui, c'est en vain que pour vous je soupire,
    Sexe qui m'avez su charmer :
En vain aussi l'amour vient m'enflammer,
    Car j'aime et n'ose vous le dire.   (*bis.*)

    Ce que ce dieu m'inspire de plus tendre,
        Quand je veux vous le raconter,
    C'est aux zéphirs que je vais le chanter,
        Croyant qu'ils pourront vous l'apprendre. (*bis.*)

    Puisse ma voix et craintive et sensible,
        Par les échos vous répéter
    Que c'est pour vous que je veux exister !
        Mais moi vous le dire, impossible.   (*bis.*)

Vers vous je cours et m'arrête aussi vite
  Qu'il vous plaît de vous arrêter.
Où vont vos yeux, les miens vont se porter;
  Mais je les cherche et les évite.   *(bis.)*

De mon amour désirant vous instruire,
  Prêt à déclarer mon secret,
Je vous regarde et je reste muet,
  Je n'ose parler ni sourire.   *(bis.)*

Auprès de vous que j'aime avec délire,
  La crainte éteint mes feux ardens,
Le trouble alors s'empare de mes sens
  Et je fuis ce que je désire.   *(bis.)*

J'aime, et pourtant je dois toute ma vie
  Rester éloigné du bonheur;
Sans le savoir vous régnez sur mon cœur,
  Non moi, sur celui que j'envie.   *(bis.)*

Tendres amans, osez-vous faire entendre,
  Sans vous réduire à soupirer.
C'est en parlant que l'on peut espérer,
  L'amour ne prend rien sans le rendre.   *(bis.)*

Mais jouissez, sans être trop avide,
  Du bonheur que vous obtiendrez;
C'est à longs traits que vous le goûterez,
  Si vous en voulez croire Ovide.   *(bis.)*

LE SOIR.

Air : *C'est l'amour, l'amour, l'amour.*

C'est le soir, le soir, le soir,
 Qu'on chante
 Et qu'on nous enchante.
C'est le soir, le soir, le soir,
 Que l'on y voit sans voir.

Le soir on croit voir une belle,
Le jour on est désappointé ;
Très-rarement à la chandelle ,
On distingue la vérité.
 Le soir tout ce qui brille
 Peut égarer les sens,
 Et l'on peut sans étrille
 Étriller bien des gens.
  C'est le soir, etc.

L'autre jour certain personnage
Que l'on croyait heureux chez lui ,
Pres d'une épouse aimable et sage ,
Mérite assez rare aujourd'hui,
 Le soir sort et s'empresse
 D'aller où l'on attend
 Qu'il chante sa tendresse ,
 En laissant son argent.
  C'est le soir, etc.

La fraîcheur qu'on voit dans la rose,
Souvent engage à la cueillir;
Mais l'épine tient à la chose
Et peut donner un repentir.
    Déjà l'inquiétude
    De mon galant seigneur
    Lui fait par un prélude
    Déchanter son bonheur.
        C'est le soir, etc.

Mais dans son ardeur amoureuse,
Son plaisir parut sans douleur,
Il cueillit la rose épineuse,
Les boutons annoncent la fleur.
    Suivant toute apparence,
    Il lui faut aujourd'hui
    Bien plus de patience
    Qu'il ne faut de souci.
        C'est le soir, etc.

Les femmes qui cherchent à plaire
S'exposent au même danger :
Mais laissons-les se satisfaire,
L'amour un jour peut s'en venger.
    Amans, fuyez ces belles
    Et leur frivolité,
    Elles ne sont fidelles
    Qu'à l'infidélité.
        C'est le soir, etc.

Ici je vous cite un modèle,
Il en est mille dans Paris ;
Mais s'il n'eût qu'admiré sa belle,
Il ne se fût pas trouvé pris.
    Alors vous voyez comme
    Un soir peut vous traiter ;
    L'exemple de cet homme
    Pourra vous profiter.
        C'est le soir, etc.

LE COMBAT SINGULIER.

Air : *Tu n'auras pas ma rose.*

Un jour je vis Rosette
Dans les bras d'un guerrier
Se défendre en cachette
D'un combat singulier.
Finissez, disait-elle ;
Eh ! mais, que cherchez-vous ?
N'vous faut-il pas d'chandelle ?   } (*bis.*)
J'nai rien à vous là-d'ssous.

Tais-toi donc, ma petite,
Répondait-il tout bas ;
Mais sa main un peu vite
Parcourait ses appas.

Perdez-vous donc la tête?
Eh ! mais que cherchez-vous !
Faut-il que j'vous l'répète,   } (*bis.*)
J'nai rien à vous là-d'ssous.

Il veut franchir l'espace
Qu'il voit du bas en haut,
Et pour prendre la place,
Il commence l'assaut.
Monsieu le militaire,
Finissez, ou morbleu
J'appellerai ma mère,
Et vous verrez beau jeu.   } (*bis.*)

Malgré la résistance
Qu'elle oppose en chemin,
Il suit avec constance
Sa marche et son dessein.
J'arriverai j'espère,
Disait-il tout en feu.....
Venez donc, bonne mère,
Et vous verrez beau jeu.   } (*bis.*)

Vite Rosette appelle
Ta mère à ton secours,
Ou bien ici ma belle
Je finis le discours.
Songes-tu, bergerette,
A ce refrain si doux :
Faut-il que j'vous l'répète,   } (*bis.*)
J'nai rien à vous là-d'ssous.

13.

IL FAUT UN MILIEU.

Air : Souvenez-vous-en.

Un soir, disait un c***,
A Jeanneton dans un pré,
Ici je vous ai souvent.....
    Souvenez-vous-en !   (*bis.*)
Bien prouvé que mes amours
Valent mieux qu'un long discours.

Mais un long discours est bon,
Dit-elle, s'il n'est gascon.
Je n'en veux pas autrement ;
    Souvenez-vous-en !   (*bis.*)
Je le trouve trop mesquin
Quand il commence à la fin.

Il ne faut trop ni trop pe .
Belle ! prenons le milieu.
— C'est, reprit-elle, excellent ;
    Souvenez-vous-en !   (*bis.*)
Le discours doit être mieux
Quand on le met entre deux.

Et le c*** lui montra
L'effet de ce discours-là
A peu près cent fois par an,
    Souvenez-vous-en !   (*bis.*)
Il fut trouver Jeanneton
Pour le répéter, dit-on.

Ce beau discours, qu'elle aimait,
La pénétra tout à fait.
Comme eux faisons à présent ;
   Souvenez-vous-en !   (*bis.*)
S'il se peut, prenons toujours
Un milieu pour le discours.

LE SONGE HEUREUX

OU LA PUDEUR-SAUVÉE.

Air *de la Tyrolienne.*

Par un beau jour, assise au pied d'un hêtre,
Lise pensait à son tendre Colin.
Sans ma pudeur, oh ! dit-elle, peut-être
Je le rendrais heureux avant demain.
  Pour la vaincre, il faut qu'on l'endorme
    Quand plus d'une autre beauté,
  Soit sous un hêtre ou sous un orme,
    Se rend sans difficulté.

J'accorde tout au cher objet que j'aime,
S'il peut le prendre ainsi qu'il prit mon cœur.
Je l'ignorais ! Qu'il prenne donc de même
Ce qu'il désire encore avec ardeur.
  Pour la vaincre, etc.

L'amour l'entend, et pour la satisfaire
L'endort et puis en avertit Colin ;
Lui, quand il sut où dormait sa bergère,
Courut près d'elle et s'y plaça soudain.
  Pour la vaincre, etc.

Ah ! dors en paix, Lise, dit-il, je veille,
Mais aussitôt il découvre son sein ;
Sur les boutons de la rose vermeille,
Il a ses yeux, car ailleurs est sa main.
    Pour la vaincre, etc.

S'il fût heureux, sa Lise le fut-elle !
Écoutez donc ! elle parle en rêvant.
Non, non, sur terre on ne peut, dit la belle,
Jamais passer un aussi doux instant.
    Pour la vaincre , etc.

O songe heureux ! durez, durez encore.
Déjà Colin calme mes feux ardens ;
Tel que Zéphir près de la tendre Flore,
Sa douce haleine a rafraîchi mes sens.
    Pour la vaincre, etc.

Oui, mais l'amour lui répond à l'oreille,
Ce songe heureux est loin d'être une erreur !
Lise à ces mots promptement se réveille,
  Et dit : Au moins... j'ai sauvé ma pudeur.
  Pour la vaincre il faut qu'on l'endorme,
    Quand plus d'une autre beauté,
  Soit sous un hêtre ou sous un orme,
    Se rend sans difficulté.

LA DISETTE DES AMOURS DE LUCAS.

Air : *Ermite, bon Ermite.*

Lucas, disait Colette ,
M'aimes-tu donc toujours ?
Je crois voir la disette
Pour moi dans tes amours ;
Mais répond-il, ma chère
Vois ta rotondité ,
Je n'ai plus rien à faire
A ce que j'ai planté.
   Je chante la disette
    Des amours de Lucas,
    Pour celle de Colette ,
    De la disette,
    Je ne parle pas.

Ton repos me révolte ,
Tu dois bien le penser ;
Crois-tu donc qu'on récolte
Sans jamais arroser ?
Ta conduite , dit-elle ,
Commence à m'intriguer ;
Car une bagatelle
Ne doit pas fatiguer.
   Je chante , etc.

Je conçois bien ta plainte ;
Mais Colette, vois-tu,
Quand je te vois enceinte,
Respectant ta vertu,
Et craignant de défaire
Ce qui paraît bien fait,
Pour ton bien je préfère
Changer souvent d'objet.
    Je chante, etc.

Songer d'abord aux nôtres ,
Du juste c'est la loi ;
Dois-tu donner à d'autres
Quand on souffre chez toi ?
Quoique je sois modeste ,
Je vais tout ressaisir ;
Après moi , s'il en reste ,
Tu pourras en offrir.
    Je chante , etc.

Colette , à l'instant même ,
Veut s'emparer de tout ;
Le bon Lucas qui l'aime ,
La laisse aller partout ;
Bientôt sa toute bonne
Trouva ce quil cachait ,
Et de peur.... qu'il n'en donne ,
Prit tout ce qu'il avait.
    Je chante , etc.

Cette femme gentille,
Pour meubler sa maison,
Du premier coup eut fille,
Et de plus, un garçon.
Alors, près de Colette,
Je crois bien que Lucas
Fut voir si la disette
Ne continuerait pas !
    Je chante, etc.

Dans l'ardeur qui l'emporte,
Ferme dans ses amours,
Lucas allait de sorte,
 Qu'il prospéra toujours,
Et double sa Colette,
Récolta tous les ans ;
C'était une disette.....
A peupler des couvents !
    Je chante, etc.

LA CLÉ DES AMOURS DE LISETTE.

Air : *Eh ! vogue ma nacelle.*

La sensible Lisette,
En gardant son troupeau,
Parlait à sa houlette
D'un berger du hameau.
Je ne sais quoi, dit-elle,
M'y fait penser toujours !
Penser toujours, toujours !
On voit bien que la belle
Songe ait à ses amours.   (*bis.*)

Alphonse que j'adore,
Cause tout mon tourment.
Oh ! oui , dit-elle encore ,
J'y pense à tout moment.
Instruit de ce mystère ,
L'écho redit toujours ,
Redit toujours , toujours ,
Tout ce que la bergère
Chante de ses amours.   (*bis.*)

Si bien qu'alors Alphonse
Caché dans un bosquet ,
Entend et fait réponse
A cet aimable objet.
Ah ! dit-il , bergerette :
Aimez, aimez toujours !
Aimez toujours, toujours !
J'ai , ma chère Lisette ,
La clé de vos amours.   (*bis.*)

La tendre bergerette
En rougit de pudeur ;
Mais sa bouche muette
Laissa parler son cœur ,
Et l'indiscret annonce
Qu'elle revint toujours !
Revint toujours, toujours !
Chercher auprès d'Alphonse
La clé de ses amours.   (*bis.*)

LE VRAI BONHEUR EST UN INCONNU.

Un amant exilé
Du cœur de sa maîtresse ,
Dormait tout consolé
D'un rêve plein d'ivresse.
Bercé par le bonheur,
Il crut la voir , sans doute ;
Il était dans la route
Que l'on nomme l'erreur.

Près d'annoncer qu'il touche
Au comble de ses vœux ,
Un réveil malheureux
Vint lui fermer la bouche.
Mais, retrouvant sa voix
Plus tôt que son amie ,
Ah ! dit-il, dans la vie,
Q'on est trompé de fois !

Sous le voile un mensonge
Près de moi l'introduit ,
Je la crois dans mon lit,
Et ce n'est plus qu'un songe !
Il fait plus ! En l'absence
De l'objet de désirs ,
Il tire des plaisirs
D'une fausse apparence !

Fuyez, songes trompeurs,
Rêves pleins de chimères ;
Vos amoureux mystères
Ne sont que des erreurs.
Trop ressemblant à d'autres
Qui, fondés sur des riens,
Nous promettent des biens
Pour arracher les nôtres.

Du bonheur, quand je dors,
Si j'aperçois la route,
C'est quand je n'y vois goutte
Que je la vois alors.....
Mais, sur terre ou sur l'onde,
En vain on court après,
Le vrai bonheur, jamais
Ne s'est vu dans ce monde.

Et s'il y fût passé
Quelque maître despote
Ou la race bigotte
L'en auraient bien chassé.
Est-il dans la richesse ?
On vous répondra non ;
On en connaît le nom,
Et point du tout l'adresse.

Les plaisirs les plus doux
De ce monde terrestre,
Se vendent presque tous
Ou sont mis en séquestre.

Dieu, dit-on, les défend !
Mais allez à l'église,
Avec assez d'argent,
Le ciel les autorise !

Est-il un être heureux
Dans les classes diverses,
Jouissant sans traverses
De l'objet de ses vœux ?
En est-il davantage
Que l'on puisse nommer,
Dont le bonheur d'aimer
Soit fidèle au ménage ?

Il est peu d'heureux jours
Qui ne soient sans mélange ;
Par le destin tout change
Et changera toujours.
Aucun bonheur n'est stable
Dans ce triste univers ;
Encor le moins pervers
A l'air d'être une fable !

N'est-il pas idéal,
Ce bonheur que l'on cite,
Lorsque pour lui l'on quitte
Le mieux pour le plus mal !
Sur le fleuve du Tendre,
Voguant sans s'arrêter,
L'amour le fait monter
Comme il le fait descendre.

Le bonheur que j'entends
Devrait être durable,
Et non, comme le temps,
Sujet au variable ;
Et je dis , pour conclure ,
Qu'il n'est pas en ces lieux ;
Mais que celui des cieux
S'y vend par l'imposture.

ON FINIT TOUJOURS PAR S'ENTENDRE.

Couplets pour être chantés par un marié à son épouse
le jour de leur mariage.

Air *des Visitandines.*

Quoique souvent le mariage
Serve de glose à maint auteur,
Plus d'un époux trouve en ménage
Moins de peines que de douceurs.　　　(*bis.*)
Pour goûter ce qu'il a de tendre ,
Ne redoutons aucun tourment.....
L'un prenant l'autre au sentiment ,
On finit toujours par s'entendre.　　　(*bis.*)

Bien convaincu qu'aucun mystère
N'augmentera mes descendans,
Bon époux , je serai bon père ;
Ma tendre épouse , tu m'entends.　　　(*bis.*)

Songe qu'on peut se laisser prendre
Au piège que tend un amant !....
L'un prenant l'autre au sentiment,
On finit toujours par s'entendre.   (*bis.*)

Je suis jaloux , et, sur mon âme,
Absent, je verrai tout en noir.
Je croirai qu'on vient voir ma femme ,
Sous le prétexte de me voir.   (*bis.*)
Trop bien le passé sut m'apprendre
Ce que l'on peut dans tel moment.....
L'un prenant l'autre au sentiment,
On finit toujours par s'entendre.   (*bis.*)

RÉPONSE DE L'ÉPOUSE.

Pour nous guider dans le ménage ,
Deux routes sont au choix du cœur ;
L'une au bonheur conduit le sage ,
Mais l'autre est celle de l'erreur.   (*bis.*)
La première , où j'aime à me rendre ,
Plaira sans doute à mon époux !....
S'il ne partage pas mes goûts ,
Nous cesserons de nous entendre.   (*bis.*)

LES OMNIBUS.

Air : *V'là c'que c'est q'd'aller aux bois.*

Grâce aux Omnibus en renom ,
Bien des choses changent de nom.
Leur genre est double , mais qu'importe ,
   Pourvu qu'on nous porte ,

Et qu'entré l'on sorte.
Là les genres sont confondus,
V'là c'que c'est qu'un Omnibus.

Il fut, il est, toujours sera,
Il servit, sert et servira,
Car la porte de sa rotonde,
  Brune, noire ou blonde,
  De tous temps au monde
S'ouvrit pour les premiers venus.
V'là c'que c'est qu'un Omnibus.

On en voit de grands, de petits,
De jeunes, vieux, laids et gentils ;
Mais, pour embellir la nature,
  L'art de la peinture
  Et de la parure
Donne un air de neuf aux rebuts.
V'là c'que c'est qu'un Omnibus.

Dans l'Omnibus un ouvrier
Peut entrer comme un financier,
Et quand l'un d'eux quitte la place,
  Le premier qui passe,
  S'il veut, le remplace.
Tous en payant sont bien reçus.
V'là c'que c'est qu'un Omnibus !

Qui veut aller à l'hôpital,
Peut en prendre au Palais-Royal.
Ailleurs on en trouve sans doute,
  Pour la même route,

Et qui bien moins coûte !
Mais on est mal , dedans, dessus :
V'là c'que c'est qu'un Omnibus.

Sans s'en douter , un amateur ,
Faisant voyage avec sa sœur ,
Rue du Chantre , à ce qu'on assure ,
   Eut une blessure ,
   Juste à la ceinture ,
Dont il craint de rester perclus :
V'là c'que c'est qu'un Omnibus.

Combien de gens nés bien portans ,
Qui , blessés, restent languissans !
D'où leur vient ce teint jaune et blême ?
   De l'Omnibus même,
   Que chacun d'eux aime ,
Et dont l'excès est un abus :
V'là c'que c'est qu'un Omnibus.

Pour prévenir les accidens ,
On doit les éclairer dedans.
Pour mieux voir à ce qu'on veut faire ,
   Il est nécessaire
   Que l'on nous éclaire
Où la nuit remplace Phébus :
V'là c'que c'est qu'un Omnibus.

Sur les boulevards de Coblentz
Se trouvent les plus élégans.
Souvent leur beauté nous engage ,
   Et par badinage ,

On fait un voyage
D'où l'on rapporte moins et plus :
V'là c'que c'est qu'un Omnibus.

Les plus communs sont sur les ponts
Et sont remplis par les trop prompts ;
Je crains qu'à tous malheur n'arrive
   Et ne les poursuive
   Jusque dans la rive
Où les dangers sont inconnus !
V'là c'que c'est que les Omnibus.

Mais roulans ou bien renversés,
Je n'en parle plus , c'est assez.
Dans un moment d'humeur bizarre ,
   Si quelqu'un s'égare,
   J'aurai crié gare !
Les dangers lui seront connus :
V'là c'que c'est qu'un Omnibus.

NE LE PEUT PAS TOUJOURS QUI VEUT.

Air *du Vaudeville.*

J'aime l'amour , et cependant
Je suis forcé de lui déplaire ,
Car on ne peut pas toujours faire
Ce qu'il désire à chaque instant.   (*bis.*)
Je me ressens de la folie
Qu'il fait partager aux amans ,
Et je soutiens que son printemps
N'est qu'un abrégé de la vie.   (*bis.*)

Il est volage et sans pitié,
Pour le fixer il faut sans cesse
Autre chose qu'une caresse
Dont se contente l'amitié.   (*bis.*)
On croirait, à son doux langage,
Qu'un rien suffit pour l'enchanter ;
Mais il aura beau me flatter,
Il n'en aura pas davantage   (*bis.*)

Oui, je renonce à l'inconstant,
Et je le quitte sans faiblesse ;
Entre les bras de la sagesse,
Je vais reposer maintenant.   (*bis.*)
Je dis que l'amour est à craindre,
Vous pourrez bien en rire un peu ;
Mais s'il met votre femme en feu,
Vous ne rirez pas pour l'éteindre.

UNE FLEUR JETÉE SUR LA TOMBE
DU FILS DE M T***,

CONSEILLER A LA COUR DES COMPTES.

AIR : *Jeunes filles, jeunes garçons.*

La mort vous ravissant un fils,
On vit votre douleur amère ;   (*bis.*)
Mais les pleurs que répand son père
Le rendront-ils à ses amis ?
     Non, son âme est partie
     Au sein du créateur,
     Et jouit du bonheur
     Acquis par la douceur
          De sa vie.   (*bis.*)

15.

Il sut, avant l'affreux moment
Qui le priva de la lumière,   (*bis.*)
Qu'il vous laissait son jeune frère
Pour adoucir votre tourment.
    Puis son âme, etc.

De l'aveugle et cruel destin,
Nous voyons aujourd'hui l'image ;   (*bis.*)
Votre fils à la fleur de l'âge
Est frappé comme le déclin.
    Oui , son âme, etc.

Hélas ! il repose à jamais
Au sein de la nuit éternelle !   (*bis.*)
En vain l'amitié le rappelle,
Il ne l'entend plus désormais.
    Oui, son âme, etc.

Son pays qui perdit en lui
Ce qu'il eût rendu de services ,   (*bis.*)
A vu Thémis sur ses prémices
Avec nous pleurer aujourd'hui.
    Mais son âme, etc.

Eu vain on le pleure ici-bas,
En vain on gémit sur sa tombe !   (*bis.*)
Sur terre il faut que tout succombe ,
L'heure avait sonné son trépas.
    Oui, son âme, etc.

Non, nous ne le reverrons plus,
Quoique bien jeune il disparaisse !   (*bis.*)
Il nous laisse dans la tristesse ,
Mais nos regrets sont superflus ;
    Car son âme, etc.

Adieu, Alexandre-Louis !
Adieu, modèle de jeunesse !   (*bis.*)·
Adieu talens, adieu sagesse,
Qu'en toi l'on voyait réunis !
   Oui, ton âme est partie
   Au sein du créateur.
   Et jouit du bonheur
   Acquis par la douceur
      De ta vie !   (*bis.*)

LES DEUX PARJURES.

Air *de la colonne.*

———

D'un amant malheureux, sans doute,
Une belle avait pris le cœur ;
Mais je ne sais par quelle route
S'était échappé son bonheur.   (*bis.*)
Son amour me paraissait tendre ;
En parlant d'elle il soupirait.....
Je vais chanter ce qu'il disait ;
Écoutez, vous allez l'entendre.   (*bis.*)

Je suis victime d'une ingrate,
Qu'ici je ne dois pas nommer.
Que ce soit Lise ou bien Agathe,
Je ne puis cesser de l'aimer.   (*bis.*)
Sachant qu'elle m'est infidèle,
J'ai juré dans mon désespoir
De la fuir et ne la plus voir.....
Et pourtant je cours après elle.   (*bis.*)

Comme elle aussi je suis parjure ;
Mais je dirai sans vanité,
Qu'au moins je le suis de nature
A plaire à la fidélité.   *(bis.)*
Elle, ayant juré d'être sage,
Une heure après va me trahir :
Moi, j'ai juré de la haïr....
Et je l'aime encor davantage.   *(bis.)*

Si ce n'est calcul ou folie
Qui fit inventer le serment,
Où donc est celui de l'amie
Qui devait m'aimer constamment ?   *(bis.)*
A son aise dans l'inconstance,
On la voit se désennuyer.....
Et moi, jurant de l'oublier,
Sans cesse nuit et jour j'y pense.   *(bis.)*

Un seul désir, à l'innocence
Fait souvent faire des faux pas.
Amans ! aimez avec prudence,
Surtout ne vous attachez pas.   *(bis.)*
Pas trop d'amour pour votre belle,
Gardez-vous bien de m'imiter.
Vous jureriez de la quitter,
Et vous n'aimeriez jamais qu'elle.   *(bis.)*

LA VERTU DES ROIS QUI TOMBENT.

Du beau nom de vertu le crime se décore,
C'est ainsi qu'il flétrit le monde qu'elle honore ;
Car point de souverains qui n'en soient revêtus.
A tous on donne tant de bontés, de vertus,
Que chaque majesté en est inépuisable.
Qui n'en conviendrait pas serait un misérable !
Quand on fait massacrer son peuple désarmé,
N'a-t-on pas quelques droits au nom de Bien-Aimé ?
Sur la France régnant par la grâce divine,
Ce roi-là dit un jour : Je veux qu'on l'assassine !
Cent fois mon confesseur m'a prouvé clairement
Que l'on peut quelquefois violer un serment.
Quand un parjure est fait au profit de l'Église,
Nul doute que le ciel, dit-il, ne l'autorise.
La couronne et la mître en ce point sont d'accord,
Qu'il faut briser la Charte et lui donner la mort.
   On indique au bon roi l'endroit le plus sensible,
Et le coup fut porté autant bien que possible.
Le ministère alors annonce cet arrêt,
Et pour le soutenir paraît être tout prêt.
Déjà l'ordre est donné, on fait marcher des troupes,
Et du droit de la force on menace les groupes.
La fureur est armée et s'avance à grands pas
Contre un peuple assemblé qui ne provoque pas,
Mais qui, plein de respect pour la Charte expirante,
La soutenait encor d'une voix rassurante.
Nos plaintes et nos cris, dit-il, la sauveront
Si le roi les entend ; aussitôt on répond

Par un feu criminel vomissant la mitraille,
C'est ainsi, lui dit-on, qu'on traite la canaille;
Car ce n'est pas assez que de l'exécuter,
En le faisant périr, on devait l'insulter !
Attendez un instant, il vous fera connaître
Qu'il est, sans contredit, plus noble que son maître !
On a crié vengeance, et ce peuple héros
A déjà confondu le crime et les bourreaux;
Il est victorieux ! Il désarme et fait grâce,
Et partout sa vengeance à sa bonté fait place;
Il porte l'héroïsme à la sublimité,
Et peut-être aussi haut sa générosité.
Devant tous ses hauts-faits je m'incline et j'admire !
Je les affaiblirais si j'osais les décrire.
Mais ce peuple immortel, en recouvrant ses droits,
Ébranla plus d'un trône..... Avis aux mauvais rois.
Ses trois jours glorieux ont mis en déchéance
La ligue qu'on osa nommer Sainte-Alliance;
Et cette liberté que retient le pervers,
Le peuple de Paris la donne à l'Univers !
Charles Dix est tombé... Généreuse Patrie !
Il te donnait la mort, tu lui sauvas la vie.
Qu'il aille répentant, loin de nos beaux climats,
Se montrer pour exemple aux tyrans d'ici-bas;
Ils apprendront peut-être, en voyant le parjure,
A régner par le droit et non par l'imposture.

   Comme ils sont vertueux ces princes délicats
Qui dans des flots de sang font nager leurs États !
Qui commandant le viol, le meurtre et l'incendie,
Et ne respectant rien, hormis la perfidie;
Vont faire assassiner un peuple, révolté
D'être réduit par eux à la mendicité.....

La liberté paraît, leur vertu va descendre ;
L'enfer qui les vomit devrait bien les reprendre.
Assez long-temps du monde ils furent les fléaux,
Les peuples aujourd'hui veulent des libéraux.
Puissent-ils donc chacun bientôt voir à leur tête
Un autre Louis-Philippe avec un Lafayette !
C'est un peu difficile, il faut en convenir,
Mais dans un petit nombre on peut encor choisir !
Sans même en rencontrer de tout à fait semblables,
On trouvera partout des hommes honorables.
　　Ah ! que plutôt les rois se dépêchent d'offrir
Ce qu'ils ne peuvent plus sans danger retenir.
Tout prince souverain qui n'est pas honnête homme,
Du trône doit tomber, quoi qu'on en dise à Rome.
Justice et liberté ! plus de promesse en l'air,
De suite accordez tout,... la foudre suit l'éclair.
　　Ce langage est bien dur, répondra-t-on, peut-être ;
Est-ce ainsi qu'un sujet doit parler à son maître ?
Je conviens qu'un flatteur serait plus circonspect ;
Mais moi, si je suis franc, je ne suis pas suspect.
Avec la vérité il faut qu'on s'habitue ;
La flatterie aux rois est un poison qui tue,
Ensuite je dirai, pour finir à propos,
Que je ne connais pas l'art d'habiller les mots.

COUPLETS

FAITS POUR UNE JEUNE FILLE UNIQUE,

LE JOUR DE LA FÊTE DE SON PÈRE.

Air à faire.

Salut ! jour désiré
Arrive, je m'apprête
A célébrer la fête
De mon père adoré !
Ta présence m'enflamme
Et satisfait mon âme,
Car je sens que mon cœur,
Né sensible et sincère,
Jouit du vrai bonheur
Quand je fête mon père.

Je m'y rends au plus tôt,
Devançons l'heure même.
Pour fêter ce qu'on aime,
Il n'est jamais trop tôt !
Mettons-nous vite en route,
Maman m'attend, sans doute.
Comme le mien, son cœur,
Né sensible et sincère,
Jouit du vrai bonheur
Quand on fête mon père.

Mais les voici tous deux.
Vous me voyez contente !
J'etais impatiente
De vous offrir mes vœux.
O mon père ! à ta vue,
Si je parais émue,
C'est que mon jeune cœur,
Né sensible et sincère,
Jouit du vrai bonheur
Quand je fête mon père.

Accepte le bouquet
De ta fille attendrie.
Cher auteur de ma vie,
Sois heureux, satisfait !
Qu'au sein de ta famille,
Toujours ta santé brille,
Et que long-temps mon cœur,
Né sensible et sincère,
Jouisse du bonheur
De fêter un bon père.

Tes amis sont joyeux !
Leur gaieté vient en tête
Annoncer que ta fête
En est une pour eux,
Et c'est un doux hommage
Que ta fille partage.
Oh ! oui, son jeune cœur,
Né sensible et sincère,
Jouit du vrai bonheur
Quand on fête son père.

16.

On dit que dès quinze ans
Jeune fille soupire ,
Et qu'elle ne peut dire
Ce qui trouble ses sens ;
Quant à moi je l'ignore ,
Je peux attendre encore :
Et pour l'instant mon cœur,
Né sensible et sincère ,
Trouve assez de bonheur
Quand je fête mon père.

Mais sans parler d'amours ,
Je veux dans mon ménage
Que mon mari soit sage
Et qu'il m'aime toujours.
Autrement c'est folie
Lorsque l'on se marie ;
Mais pour l'instant mon cœur ,
Né sensible et sincère ,
Trouve assez de bonheur
Quand je fête mon père.

Enfin , pour être heureux
Après le mariage ,
Est-il bien vrai qu'un gage
Puisse accomplir nos vœux ?
J'aperçois un sourire !...
Le temps pourra m'instruire ;
Mais pour l'instant mon cœur,
Né sensible et sincère ,
Trouve assez de bonheur
Quand je fête mon père.

COUPLETS
POUR LE JOUR DE LA FÊTE
A MON BEAU-PÈRE.

Air : *Si je meurs, que l'on m'enterre.*

Je souhaite à votre fête,
Mon beau-père, Nicolas,
Du bon vin de la Comète,
De peur que l'on n'en ait pas.
Que la gaîté soit profonde,
Que surtout votre santé,
Pour la création du monde
Soit utile à la beauté !

Que le vin mousseux pétille
A votre joyeux banquet !
Que le vrai bonheur y brille
Et vous serve de bouquet !
Mais que le jus de la treille
Ne s'y boive qu'en chantant ;
Que l'amour paraisse et veille
Quand Bacchus sera content.

Que sur un lit de fougère
Ou tout autre plus mollet,
Votre aimable ménagère
Retrouve son flageolet,
Et qu'enfin un air de danse
Lui rappelle tous les jours,
Non pas sa longue abstinence,
Mais le plaisir des amours.

PLAINTE SUR L'ABSENCE.

Air : *Jeunes filles, jeunes garçons.*

Ne te reverrai-je donc plus,
O toi que j'aime avec ivresse !   (*bis.*)
Tu disparais, et ma jeunesse
Se passe en regrets superflus.
   Oh ! s'il faut que j'oublie
   L'objet de tant d'amour,
   Puissé-je sans retour
   Perdre plutôt le jour
      Et la vie !   (*bis.*)

Non, je ne crois plus au bonheur,
Du moment qu'elle est disparue !   (*bis.*)
Mon âme en est toujours émue ;
Son absence perce mon cœur.
   Oh ! s'il faut, etc.

En vain je n'y veux plus songer.
A mes yeux tout la représente :   (*bis.*)
L'ennui me gagne et me tourmente,
Sans elle tout m'est étranger.
   Oh ! s'il faut, etc.

Zéphirs qui portez les échos,
Portez ma douleur auprès d'elle,   (*bis.*)
Et ramenez-moi l'infidèle
Pour me ramener le repos.
   Oh ! s'il faut, etc.

Mais, non, ne troublez pas la paix
Du cher objet qui m'intéresse ;   (*bis.*)
A moi seul répétez sans cesse,
Qu'il faut l'oublier désormais.
    Mais s'il faut, etc.

Des maux que je souffre ici-bas
Trouverai-je la récompense ?   (*bis.*)
Pour finir ma triste existence,
Je ne sais où porter mes pas.
    Oh ! s'il faut, etc.

COUPLETS DE NOCES

POUR ÊTRE CHANTÉS AUX ÉPOUX

LE JOUR DE LEUR MARIAGE.

Air : *Faut l'oublier, faut l'oublier.*

Pour être heureux dans le ménage,
La paix étant le seul moyen,
Vivez dans un doux entretien,
Et que d'accord tout se partage.
De l'amour songez que les jeux
Ne seront pas toujours durables.
Tel que l'éclair passent ses feux !
Mais ne cessez pas d'être aimables   } *bis.*
Pour être heureux, pour être heureux.

Pour être heureux, il faut s'attendre
Que tout ne peut être douceur.
Le printemps n'est pas sans rigueur,
L'hymen serait-il toujours tendre !

Pour n'affirmer rien de douteux,
Je vous laisse en juger vous-mêmes
Quand vous serez moins amoureux !
Mais vous saurez qu'il faut qu'on s'aime } *bis.*
Pour être heureux, pour être heureux.

Pour être heureux, j'en désespère,
Si jamais vous êtes jaloux,
Et je vous le dis entre nous,
Du démon ce sera l'affaire.
Vous passerez des jours affreux,
Rien ne vous sera supportable ;
Et vous détesterez vos nœuds.
En un mot, vous ferez le diable, } *bis.*
Pour être heureux, pour être heureux.

Pour être heureux et sans alarmes,
Ecoutez toujours la raison ;
Ses fruits sont de toute saison,
Et du chagrin sèchent les larmes ;
Un ministère aventureux,
Chez nous l'affronte et la dédaigne;
Ne soyez pas si dédaigneux ;
Sur vos cœurs, aimez qu'elle règne, } *bis.*
Pour être heureux, pour être heureux.

LE CALOMNIATEUR PEUT-ÊTRE.

AIR *à faire.*

Hier j'ai vu votre aimable Amélie
Chez Dorimont entrer de grand matin;
Elle aura pu lui tenir compagnie,
Car il est seul encor jusqu'à demain.

L'AMANT BIEN SUR.

Retirez-vous ! c'est une perfidie,
Et devant moi n'outragez pas l'honneur ;
Quant un amant posséde telle amie,
Il est certain de posséder son cœur.

LE CALOMNIATEUR PEUT-ÊTRE.

Vous l'aimez donc ? Allons, moins de colère;
Car maintenant je vais être discret :
Tout aussi bien qu'une femme peut faire,
Quand il le faut, je garde mon secret.

L'AMANT BIEN SUR.

Par vos disours en faire une infidèle,
C'est se venger, je crois, de ses vertus.
A vos désirs peut-être moins rebelle,
Vous vanteriez ce qu'elle n'aurait plus.

LE CALOMNIATEUR PEUT-ÊTRE.

Aimez, aimez, votre douce Amélie ;
N'avez-vous pas tous ses sermens d'amour ?
Ne craignez rien, car le serment nous lie :
Voilà pourquoi l'on en fait tous les jours.

L'AMANT BIEN SUR.

Il sort, hélas ! mais fallait-il apprendre
Ce qu'il vaudrait bien mieux ne savoir pas !
Viens, Amélie ! ô viens donc te défendre,
Ou je croirai que tout trompe ici-bas !

COUPLETS D'UN ÉPOUX

POUR LE JOUR DE SES NOCES.

Air : *De la Pipe de tabac.*

J'approche de la cinquantaine,
C'est l'âge mûr de la raison ;
Et pourquoi m'en mettrai-je en peine,
On me trouve encor de saison.　　　(*bis.*)
Selon son goût chacun raisonne :
Aussi voit-on beaucoup de gens
Préférer les fruits de l'automne
A toutes les fleurs du printemps.　　　(*bis.*)

J'ai passé vingt ans de ma vie
Dans le chagrin et le souci ;
Mais, par le bien, le mal s'oublie,
Je m'en aperçois aujourd'hui.　　　(*bis.*)
En épousant l'objet que j'aime,
Le bonheur a guidé mes pas ;
L'amour même, avant le carême,
Me fit passer quelques jours gras.　　　(*bis.*)

A mon âge on peut encor faire,
En jouant avec les amours,
Des marmots dont on soit le père,
Car les époux le sont toujours.　　　(*bis.*)
Je ne crains rien, ma femme est sage,
Sans dangers je suis en ce cas....
Bien qu'avant notre mariage,...
Oh ! ma foi,... je n'y pensais pas.　　　(*bis.*)

AUX MODISTES.

MES CONSEILS INUTILES.

Ainsi qu'au doux printemps, la fleur qu'on voit éclore,
Reparaît en automne aussi brillante encore,
Sous un chapeau magique à votre art emprunté,
Tâchez de redonner cet éclat de beauté
A la femme qui perd son printemps de jeunesse,
Et qui plairait encor sans l'âge qui la blesse.
Par de vives couleurs qui tromperont ses sens,
Dérobez à ses yeux le ravage des ans.
L'esprit, en vieillissant, s'embellit s'il s'exerce,
La femme ne doit pas marcher en sens inverse !
Le jour ne peut-il pas paraître à son déclin,
Tout aussi beau le soir qu'il était le matin ?....
D'un sexe aimable, ô Temps ! respectez donc les charmes,
Laissez vous attendrir, voyez couler ses larmes !
Ah ! ne retirez pas du bonheur des humains,
Des attraits que nos yeux voudraient voir à nos mains.
Mais c'est en vain, hélas ! qu'on lui demande grâce,
Il nous entraîne tous et le voilà qui passe !
Mesdames, travaillez et mettez vos objets
A l'abri, s'il se peut, de ses tristes creusets.
Par d'habiles chapeaux poussant l'art à l'extrême,
Rapprochez chacun d'eux à vingt ans du baptême.
Employez l'hortensia, la rose ou le ponceau ;
Et qu'on paraisse encor jeune au bord du tombeau !

17.

Prenez dans vos couleurs ce qu'il convient de prendre,
Je crois que pour le dur il faut garder le tendre.
  A la jeune beauté, qui n'a besoin de rien,
La plus simple coiffure ira toujours très-bien.
Mais l'âge mûr la veut de forme moins légère,
Le chapeau de la fille irait mal à la mère.
Occupez-vous moins d'elle, et donnez tous vos soins
A la femme qui perd chaque jour plus que moins;
La fraîcheur que le temps retire à tant de belles,
Doit vous faire songer à lui rogner les ailes.
Du barbare arrêtez le vol précipité,
On rirait bien un jour s'il était arrêté !
Tâchez de l'endormir par quelque stratagême
Qui le fait bien passer doit l'arrêter de même !
 Epicz le moment, puissiez-vous obtenir
Qu'il suspende son cours au milieu du plaisir !..
Ils sont bientôt passés les momens agréables !
Les chagrins sont plus longs et ne sont pas des fables !
Mais de quoi m'occupai-je ici mal-à-propos !
Ah ! laissons là le temps et cachez ses défauts.
Rendez à la beauté le teint frais qu'il lui vole,
Remplacez par un charme, un charme qui s'envole.
L'art peut y suppléer, donnant à des appas
L'apparence à nos yeux d'un charme qu'ils n'ont pas.
On tolère le faux que l'on met en usage
Pour réparer les torts qui nous viennent de l'âge ;
Mais on doit renoncer à se plâtrer de fard,
Depuis que l'on connaît les bienfaits de votre art.
Qui ne préférerait cette aimable coiffure
Dont l'effet combiné redonne à la nature
Un éclat tout magique emprunté des couleurs
Que dans l'automne on croit un vrai printemps de fleurs.

Faites de vos chapeaux un galant édifice,
Et mettez dans la passe un peu plus d'artifice.
Doublez-la , s'il le faut , pour qu'on puisse jouir
Et profiter de tout ce qui peut rajeûnir.
On veut plaire en tout temps ; or, cette fantaisie
Fait naître des besoins et donne du génie.
Ranimez, s'il se peut ! — C'est assez , me dit-on.
A plus instruit que vous, épargnez la leçon !
Il n'est rien d'impossible à nos belles modistes ,
Par les adroites mains de ces tendres artistes ,
Le but de vos conseils sera bientôt atteint ,
Car elles savent bien ranimer qui s'éteint.

LES DEUX OFFICIERS.

Deux jeunes officiers étant en garnison
Avaient pris logement dans la même maison ;
Chacun avait sa chambre et chacun son hôtesse,
Mais l'un payait la sienne en amoureuse espèce.
L'autre s'en aperçut et dit : En y songeant,
Avec la mienne aussi tâchons d'en faire autant.
Elle est veuve et jolie, on la dit raisonnable,
C'est autant qu'il en faut pour la trouver traitable ;
Et puis dans le veuvage on n'est pas sans besoins :
Ce qu'on aime le plus, c'est ce qu'on a le moins.
Je suis riche d'amour, elle de numéraire ;
En compensant le tout, nous ferons notre affaire.
Le jeune vaniteux, rempli de ce projet,
Espérant réussir près de l'aimable objet ,

Demande à lui parler, et content de lui-même,
Lui jure effrontément qu'il en est fou, qu'il l'aime,
Et que le sentiment qui le guide et conduit
Est peut-être plus pur que le soleil qui luit !
De la galanterie arrivant à l'essence,
Il veut au même instant prouver ce qu'il avance.
Mais, Monsieur, dit la belle, en croyez-vous *Boileau*
Qui mettait notre honneur à six pieds du tombeau (1) ?
Vous vous tromperiez fort, on voit dans le ménage
Bien des femmes encore en faire un bon usage ;
Et lorsque ce censeur écrivit contre nous,
On croirait qu'un refus l'avait mis en courroux,
Et que pour s'en venger il lui vint dans l'idée
D'outrager la vertu qu'il avait rencontrée !
Aux trois femmes de bien qu'il lui plut d'excepter,
Je vous prierai, Monsieur, de vouloir m'ajouter.
La vertu de mon sexe est comme une monnaie
Dont on doit distinguer la fausse de la vraie,
Et vous saurez qu'il faut, pour éviter l'erreur,
Les estimer chacune à leur juste valeur.
Confus de la leçon plus que d'une défaite,
Elle vit l'officier bientôt battre en retraite,
Très-persuadé qu'en vain il aurait combattu,
Et que le vice a tort d'insulter la vertu.

---

(1) Les trois femmes fidèles de la *Satire des Femmes* n'avaient que six pieds.

QUATRAIN.

LA VIE.

La vie est une chaîne où le monde est réduit ;
Par un bout on commence et par l'autre on finit.
L'espace qu'on parcourt à tous paraît le-même ;
Il est long quand on souffre, il est court quand on aime.

LE TEMPS.

Ce moissonneur impitoyable
Qui voit tout naître et tout périr,
Aux peuples fait souvent plaisir,
En envoyant les rois au diable.

LE FLAMBEAU DE L'AMOUR.

Du flambeau de l'amour
On se sert chaque jour ;
Mais la brune et la blonde
Ne voudraient pas qu'il fonde.
Leur bonheur n'est bien sûr
Que lorsqu'il dure dur,
Et cependant il fond, souvent même il arrive
Qu'il meurt plus promptement qu'on ne crierait qu'il vive.

BESOIN D'AIMER.

T'aimer est un besoin qui près de toi m'attire ;
Il faut te le prouver, c'est trop peu de le dire.
Depuis long-temps déjà je veux t'en assurer.....
— Mais dépêche-toi donc, car maman va rentrer.

PAR UNE FILLE, A SA MÈRE.

LA MONTRE D'OR ENTOURÉE DE PERLES.

De perles recevant cette montre entourée,
Tu dirais que je sais tes goûts et ta pensée :
Mais tu pourras aussi me juger au cadeau ;
Ce que j'aime le plus n'est pas le plus nouveau !
Je laisse le brillant pour les femmes légères,
Et je donne la perle à la perle des mères.

CHARADE.

Les sons de mon premier
Ravissent par leurs charmes.
France ! dans mon dernier,
Tu verrais mon entier
Sans répandre de larmes...
Corbleu ! si fait, si fait,
De joie on pleurerait.

Le son de mon premier retentit dans les bois,
Et tous dans mon dernier sont les égaux des rois.
Dans mon entier l'on voit la fatale influence
D'un des plus grands fléaux qui désolent la France.

LOGOGRIPHE.

J'ai huit pieds bien comptés, mais vous saurez d'avance
Que c'est en raccourci que je ruine la France,
Et mes amis et moi nous en verrons la fin.
Si je mourais avant, j'aurais bien du chagrin.

En me décomposant vous verrez sans optique
Un des beaux instrumens de la bonne musique,
Un vêtement de femme ou bien d'un magistrat,
Le titre d'un tyran et d'un bon potentat,
Un prince assassiné qui prétendait au trône,
D'une ville le nom dans les Bouches-du-Rhône ;
Pour vous désaltérer une bonne boisson,
Et pour vous enterrer un logis sans façon ;
D'un liquide attrayant la mesure en usage,
L'un des meilleurs pays en froment et fromage,
L'objet qui pousse au crime et dont l'affreux pouvoir
Fit un droit du plus fort pour en grossir l'avoir,
Ce que le perroquet a de plus redoutable,
Et ce qu'un bon ivrogne aime le mieux à table ;
Quand on est en gaîté ce qui perce souvent,
Enfin ce que chacun doit au commandement,
Puis encore une ville en Basse-Normandie,
Et..., ce que la douleur arrache à ma patrie,
Sur l'horrible projet d'un homme sans pudeur,
La honte de Thémis, la honte de l'honneur.

LA COUR SANS MŒURS,

OU LA COUR BIGOTTE.

Cette cour où l'on voit rouler tant d'équipages
Qui culbutent les gens pour s'ouvrir des passages,
Se tient dans un palais ouvert à la faveur,
Où souvent à l'entrée on voit rester l'honneur.
S'il entre avec la femme, il court une autre chance,
C'est de rester dedans,.... Voilà la différence !

LA RUPTURE.

Alphonse, loin de toi je pleurais ton absence
Et j'ignorais encor ta coupable inconstance.
Ainsi donc à jamais tu brises les doux nœuds
Qui, formés par l'amour, nous rendirent heureux !
Consultes-tu ton cœur pour ce cruel divorce ?
S'il y consent, le mien n'en aurait pas la force.
Pour mon Alphonse, il bat toujours, plein d'un désir
Qui ne s'effacera qu'à mon dernier soupir.
En vain je dis sans cesse : Il faut que je l'oublie !
Quand on aime vraiment, c'est pour toute la vie.
Ingrat ! je t'ai juré le plus sincère amour,
Mon cœur sera pour toi jusqu'à mon dernier jour.
D'un feu qui doit durer, je souffre sans me plaindre ;
L'amour vint l'allumer, la mort viendra l'éteindre.
Tout le monde ici-bas trouve au sein des tombeaux
La fin de ses désirs et la fin de ses maux.

SUR LES MINISTRES ACCUSÉS.

Pour que ces grands coupables
Puissent subir leur sort,
S'ils sont bien condamnables,
A la peine de mort.
En voyant la tempête
Se calmer aux débats,
Il faut gager *leur* tête
Qu'ils ne périront pas.

LA CONSTANCE DE LISE.

Je me croyais aimé, disait Alphonse à Lise,
Mais je suis aujourd'hui certain de ma méprise.
Un autre est plus heureux près de toi, m'a-t-on dit...
Et pour le rassurer, Lise lui répondit :
Alphonse, on t'a trompé, car la fidèle amante
Est toujours pour *changer* on ne peut plus constante.

SUR LE SERMENT.

Quand d'un amour juré je vois effrontément
Se rire et se moquer tel et tel autre amant ;
Je dis : qu'en rien jamais ils ne seront sincères,
Et qu'ils pourraient aussi nous tromper en affaires ;
Car l'amour est en nous l'âme du sentiment,
Et l'on sait qu'un parjure à chaque serment.... ment.

LA DERNIÈRE PROMENADE DE St.-CLOUD.

Lise devait aller à Saint-Cloud sans sa mère ;
Celle-ci l'apprenant se mit fort en colère,
Mais ne put cependant l'empêcher d'y partir.
Je l'ai promis, dit Lise, et je saurai tenir,
Car ma parole, à moi, vaut un billet de banque ;
Plutôt que d'y manquer, j'aime mieux qu'on me manque.
Cette affaire est pressante, il faut la mettre à bout.
Après, pour vous calmer, je renonce à Saint-Cloud,
Puisqu'à présent sur lui gronde votre tempête.
—C'est plutôt sur celui dont la pointe est la tête,
Lui répond la maman, car je crains plus pour toi
Le vivant que le mort. — Vraiment. Oh ! non, ma foi.
Courir pour ça si loin, que le ciel m'en préserve !
Ici, j'en ai, dit-elle, assez qu'on me réserve.

LE CRIME ET LA VERTU

SONT DE LA MÊME FAMILLE.

Pour obliger son frère une sœur s'employait
Et d'un ami, par elle, obtint ce qu'il voulait.
Il ne demanda plus qu'un petit sacrifice,
La mort du bienfaiteur qui lui rendit service !
Va, répond-elle, ingrat ! tu mourras avant lui,
Si je dois de ma main le frapper aujourd'hui.
Qui destine la mort à la reconnaissance,
Trouvera mon bras prêt pour en tirer vengeance.
De la divinité qui connaît le secret ?....
La vertu près du crime empêcha le forfait !

L'INGÉNIEUX.

En secret, une fois au moins chaque semaine,
On peut voir à Saint-Cloud Lindor avec Arsenne ;
L'un y vient le matin, l'autre arrive plus tard,
De sorte qu'on croirait leur rencontre un hasard.
Que l'amour est rusé pour nous donner le change !
Car Lindor a sa femme, outre ce petit ange !
Mais que pour sa maîtresse il est ingénieux,
Quand il faut la soustraire aux regards curieux !
Où croit-on qu'il la met ? — Mais s'il faut qu'on réponde,
C'est dans un cabinet où l'on est seul au monde.
— Un cabinet ! Pour qui le prenez-vous, grands dieux !..
Dans le bois il l'enfonce et la dérobe aux yeux.

LE RAPPORTEUR JÉSUITE.

Air : *Du Curé de Pomponne.*

Pour vous, ministre, potentat,
  J'ai fait un tour de France,
En chantant qu'on verrait l'État
  Par vous dans l'abondance.
Mais bientôt tous ses habitans
  M'ont traité d'hypocrite :
  Il est passé le temps
    Où les gens   } bis.
  Respectaient un Jésuite.

J'ai dû, pour charmer l'auditeur,
  Mettre votre génie
Bien d'accord avec votre honneur,
  Pour être en harmonie.
De moi, de vous et de mes chants,
  On s'est moqué de suite :
  Il est passé le temps
    Où les gens   } bis
  Respectaient un Jésuite.

Je leur chantais que le clergé,
  A votre voix docile,
S'était franchement obligé
  A suivre l'Évangile.
Pour d'autres, disaient les méchans,
  Garde cette eau bénite ;
Il est passé le temps
    Où les gens   } bis.
Respectaient un Jésuite.

Quoi ! leur disai-je , oubliez-vous ,
   Que sa haute sagesse ,
D'un mot (1) a calmé le couroux
   De la vieille noblesse.
Un Bâton , par d'autres accens ,
   Me répond au plus vîte :
   Il est passé le temps
     Où les gens   } *bis.*
   Respectaient un Jésuite.

Vous travaillez à leur salut ,
   Et pourtant ces profanes
Disent que , par votre institut ,
   On ne fait que des ânes.
Il n'est crime des révérends
Qu'on ne sache et récite.
   Il est passé le temps
     Où les gens   } *bis.*
   Respectaient un Jésuite.

Pour mettre la France en fureur ,
   Il suffit qu'on vous vante.
Je reviens glacé de frayeur
   Et saisi d'épouvante.
Mille fois , par les mécontens ,
   J'ai craint la mort subite.
   Il est passé le temps
     Où les gens   } *bis.*
   Respectaient un Jésuite.

---

(1) Milliard.

Enfin j'arrive encor vivant ;
   Mais pour finir l'histoire,
Le Français vous déteste autant
   Qu'il s'est acquis de gloire :
      Le Ministre.
C'est trop ! D'après ce que j'entends,
   Sa haine est sans limite.
   Il est passé le temps
     Où les gens   *bis.*
   Respectaient un Jésuite.

CE QU'ILS SONT.

Le voilà ! le voilà ! le superbe discours !...
Combien ?—Deux sols.—Voyons s'ils mentiront toujours.
C'est du gascon tout pur, car c'est de de Villèle ;
S'il dit la vérité, il nous la donne belle.
Il n'est point de pays dans l'Univers entier
Plus heureux que le nôtre ; il connaît son métier !
  Il n'est point étonnant d'entendre une excellence,
Au milieu de notre or, nous vanter l'abondance.
Je crois bien, en effet, qu'aucun tableau hideux,
Surtout dans son palais, ne paraît à ses yeux.
Dans des salons dorés aux dépens de la France,
On y voit sa richesse et non son indigence.
Mais par qui, dites-moi, sommes-nous gouvernés,
Et que fait donc celui qu'on mène par le nez,
Ce mort-vivant auquel d'avance l'on succède,
Afin de disposer de tout ce qu'il possède ?

C'est donc pour les bigots qu'on travaille aujourd'hui !
Le peuple est mécontent, méfiez-vous de lui.
Que diriez-vous un jour s'il se levait en masse,
Et qu'alors il voulût aussi faire une chasse ?
Vous aimez trop le noir, vous ne seriez pas blanc,
Et bien d'autres que moi vous en diraient autant.
Il serait beau de voir le peuple le plus brave
Et le plus glorieux redevenir esclave !
Pourriez-vous l'espérer ? Allez, n'y croyez pas ;
Pour rester avec nous, revenez sur vos pas.
Vous ne feriez pas mal d'aimer moins le jésuite
Et de nous traiter mieux, s'il se peut, par la suite.
Connaissez-vous un peu la race des bigots ?
On pourrait bien ici vous en dire deux mots :
Ainsi que la chenille, espèce dévorante
Qui se nourrit des sucs en détruisant la plante,
Ils détruisent partout la loi des libertés
En dévorant des fruits qu'un autre eût récoltés.
La puissance à leur voix a tort d'être docile,
Un tuteur ne doit pas obéir au pupille.
Mais je crois au partage, et que les excellens
S'entendent contre nous avec les révérends.
Leurs projets sont connus, c'est bien sur l'ignorance
Qu'ils fondent de nouveau leur plus chère espérance ;
Ils ne sont revenus que pour la propager,
Et celle du pouvoir semble les protéger.
En tête, on peut le voir marcher sous leurs bannières,
Et pour mieux les servir éteindre les lumières.
Qui les croirait des sots, se tromperait beaucoup,
Car ils ne le sont pas, mais ils en font partout.
Oui, des honnêtes gens ils n'ont, en conscience,
(Et c'est beaucoup encor) que la seule apparence.

Mais nous pouvons ici juger de leur vertu.
Pour soutenir les Grecs, s'ils donnent un écu,
C'est très-publiquement qu'ils feront cette offrande :
Nous aurons pu le voir; alors, je vous demande
Si l'on ne croirait pas qu'ils vont les protéger.
Eh bien ! non, en secret ils les font égorger.
Vous devinez pourquoi ? C'est que l'indépendance
Ne donne pas de biens comme fait l'ignorance !
Avec elle il n'est plus de ces pieuses gens
Qui, pour les enrichir, ruineront leurs parens.
C'est par la liberté que le peuple s'éclaire;
Eux, c'est l'obscurité qui leur est nécessaire.
Sur un peuple crédule, ils peuvent dominer;
Mais sur les gens d'esprit ils ne peuvent régner.
Avec la liberté, on doute des miracles;
Que faire avec des gens de bals et de spectacles,
Qui se moquent de tout, même de Lucifer,
Et qui, croyant en Dieu, plaisantent de l'enfer !
Les Grecs, voulant aussi sortir de l'esclavage,
Par ces pieux motifs ont attiré leur rage,
Et le jésuite alors ne déplore leur sort
Que pour mieux nous cacher leur sentence de mort.
Soit qu'il fasse le mal ou qu'il le fasse faire,
Il est leur assassin et leur incendiaire;
Et, tel que le serpent, se cachant sous des fleurs,
Peut nous donner la mort, sous leurs belles couleurs,
Tel on voit cet infâme, en faisant des victimes,
Du nom le plus divin colorer tous ses crimes !
Sacrilège en tous temps, il sut par ce moyen
Au massacre donner l'apparence du bien.
Non, ces blasphémateurs n'ont aucune croyance;
L'or et les dignités, voilà leur providence !

Aurions-nous pu penser que de leur règne affreux
Ils pouvaient bien encor augmenter l'odieux,
Et qu'un grand citoyen dont s'honorait la France (1),
Ne pourrait en mourant arrêter leur vengeance!
Eh bien! c'était possible, et, choisissant le lieu,
Ils firent profaner ses restes devant Dieu.
Et la mort! oui, la mort! l'arrachant à la vie,
N'aura pu l'arracher à leur haine en furie.
Des mains de la douleur leur horde l'enlevant,
Fit rouler son cercueil et le couvrit de sang!...
Il n'est aucun brigand, soit barbare ou sauvage,
Qui pût sans frissonner commettre un tel outrage.
Mais c'est en dire assez, le peuple qui gémit,
Par sa misère affreuse en a déjà trop dit.
Haine à tous les bigots! mais respect au bon prêtre!
Aimons le vrai pasteur, il mérite de l'être.

----

(1) Larochefoucauld-Liancourt.

IMPRIMERIE DE SÉTIER,
RUE DE GRENELLE SAINT-HONORÉ, N° 29.

CHANSONS

SUR

LE NOUVEAU SYSTEME,

ET

AUTRES PIÈCES.

CHANSONS

SUR

LE NOUVEAU SYSTÊME.

L'ESPRIT DU TEMPS.

Air : De l'âme, de Béranger.

Je fus trompé toute ma vie,
Et je réclamai sans succès ;
D'autres, qui n'en ont pas l'envie,
Le sont, ou le seront après. (*bis.*)
Par intérêt, en ce monde parjure,
On peut tromper, violer un serment,
Eût-on d'un dieu la vertu la plus pure ;
N'en croyant rien je dirais que l'on ment,   } (*bis.*)
Je dirais, je dirais que l'on ment.   (*bis.*)

Lorsque l'aigle de la victoire
Nous eut couverts de ses lauriers,
Et mis au sommet de la gloire
Son nom et ceux de ses guerriers,   (*bis.*)
A Sainte-Hélène, outragé par l'injure,
Il a péri !... mais savons-nous comment ?
Eût-on d'un dieu la vertu la plus pure,
N'en croyant rien je dirais que l'on ment,   } (*bis.*)
Je dirais, je dirais que l'on ment.   (*bis.*)

Cédant aux vœux d'une alliance
Des tyrans de tous les pays,
Lasse de gloire, enfin la France
Changea les aigles pour les lys.   (*bis.*)
Mais quelles gens, au milieu du murmure,
Ont pu souscrire à tant d'abaissement?...
Eût-on d'un dieu la vertu la plus pure,
N'en croyant rien je dirais que l'on ment,   (*bis.*)
Je dirais, je dirais que l'on ment.   (*bis.*)

Nous méritions, dira l'histoire,
Après ce honteux abandon,
Qu'un ami de la bande noire
Vînt remplacer Napoléon.   (*bis.*)
Aussi bientôt on a vu l'imposture
Timide encore avancer doucement.
Eût-on d'un dieu la vertu la plus pure,
N'en croyant rien je dirais que l'on ment,   (*bis.*)
Je dirais, je dirais que l'on ment.   (*bis.*)

La liberté nous fut promise;
Mais qu'espérer de rois bigots?
Leur majesté royale, assise,
Aux libertés tourna le dos.   (*bis.*)
Alors nos droits devinrent la pâture
Des intrigans, leurs amis du moment.
Eût-on d'un dieu la vertu la plus pure,
N'en croyant rien je dirais que l'on ment,   (*bis.*)
Je dirais, je dirais que l'on ment.   (*bis.*)

Pendant quinze ou seize ans la France,
Qu'on outrageait à tout propos,
Par tous les degrés de souffrance
Dût passer comme ses héros.   (*bis.*)
Le crime armé pour combler la mesure
Se montre au jour et marche effrontément.
Eût-on d'un dieu la vertu la plus pure,
N'en croyant rien je dirais que l'on ment,   (*bis.*)
Je dirais, je dirais que l'on ment.   (*bis.*)

Enfin l'heure arrive et l'on chasse
Charles dix et nos assassins.
Philippe aujourd'hui le remplace,
Je lui crois de meilleurs desseins.   (*bis.*)
Mais de tout autre que lui, je vous jure,
Je chanterais toujours distinctement :
Eût-on d'un dieu la vertu la plus pure,
N'en croyant rien je dirais que l'on ment,   (*bis.*)
Je dirais, je dirais que l'on ment.   (*bis.*)

L'ABSENT.

Air : *de la Chasse du Roi et le Fermier.*

Je vois
Et m'aperçois
Qu'à la fois un beau soleil luit,
Et nuit,
Brûlant,
Éblouissant ;
J'en redoute pour ce climat
L'éclat.
Juillet
Nous promettait
Du sien, quelque chose en ces lieux
De mieux.
Mais le mieux qu'on attend
Tant,
Grâce à la ligue est absent.

Ma foi,
J'attendais, moi,
De ses trois beaux jours un bienfait
Complet.
Hélas !
Cela n'est pas ;

Chacun se trouve cent fois pis
Depuis.
Je vois
Tout aux abois.
Partout j'entends dire que rien
N'est bien;
Et le mieux qu'on attend
Tant,
Grâce à la ligue est absent.

Au fait
Rien n'est parfait.
Mais il faut, sans trop exiger,
Manger;
Et si
Tout reste ainsi,
On fera long-temps ses repas
Sans gras.
Etant
Libre pourtant,
On devrait manger à son goût
De tout,
Mais le mieux qu'on attend
Tant,
Grâce à la ligue est absent.

Aigrir
Et désunir,
Voilà ce que font, en deux mots,
Journaux.

Lisez
Ces insensés ;
Voyez si ce que chacun veut
Se peut :
Jamais,
Oh ! non, jamais,
Nous ne pourrons vivre avec eux
Heureux.
Mais le mieux qu'on attend
Tant,
Grâce à la ligue est absent.

Le mieux
Est à mes yeux
De voir relever sans aigreur
L'erreur,
Et non
Pas, sans raison,
Annoncer les droits du pays
Trahis.
Un mal
Tout idéal,
À tort annoncé, sans qu'il soit,
Se croit.
Mais le mieux qu'on attend
Tant,
Grâce à la ligue est absent.

Certains
Républicains,
Amis du peuple et.... d'un manteau
Nouveau,
Trouvant,
Pour eux, charmant
Celui qu'à Philippe aura fait
Juillet,
Voudraient,
S'ils le pouvaient,
S'en faire chacun un habit,
Sans bruit;
Mais le mieux qu'on attend
Tant,
Grâce à la ligue est absent.

Bigots,
Vous, vos journaux,
Autrement flattent votre espoir,
Blanc, noir,
Tout doux,
Non, plus chez nous,
L'on n'engraissera vos suppôts
D'impôts.
Priez,
Messieurs, priez,
Maintenant pour vous nos trésors
Sont morts.
Et le mieux qu'on attend
Tant,
Grâce à la ligue est absent.

La peur
Craint qu'un vengeur
Ne rétablisse en ce pays
Les lys.
J'attends
Tout des tyrans,
Des traîtres de cour, porte-voix
Des rois.
Oui, mais
Vit-on jamais
Avec nous les peuples si fort
D'accord?
Alors ce qu'on attend
Tant,
Arriverait promptement.

Je fais
Quelques souhaits
Pour voir mon pays généreux ,
Heureux ;
Et si
Chacun ici ,
Sans haine, parlait au bon sens
Des gens ;
Bientôt ,
Comme il le faut,
Heureux nous serions, malgré tous
Les fous.
Et le mieux qu'on attend
Tant,
Arriverait promptement.

Raison,
Paraissez donc !
La discorde, hélas ! nous aigrit
L'esprit.
Partez
De tous côtés,
Et venez ouvrir en ces lieux
Nos yeux.
D'en haut
Arrivez tôt,
Afin de calmer les débats
D'en bas.
Et le mieux qu'on attend
Tant,
Arrivera promptement.

LE JUSTE-MILIEU,

OU LE QUASI.

Air : *Des Gueux.*

Quasi me semble admirable,
Messieurs, laissez le passer.
A mon sujet applicable,
Je voudrais le bien placer.

Quasi ! Quasi !
Est le mot choisi
Qui convient ici,
Vive Quasi !

Ce mot savant d'un légiste,
S'entend du bien et du mal.
Si bien qu'un quasi-carliste
Est quasiment libéral.

> Quasi ! Quasi !
> Est le mot choisi
> Qui convient ici,
> Vive Quasi !

Des trois jours de notre histoire,
Le peuple est ivre et joyeux.
Quand on s'enivre de gloire,
Ah ! Dieu que l'on est heureux.

> Quasi ! Quasi !
> Est le mot choisi
> Qui convient ici,
> Vive Quasi !

Depuis quelque temps la France
Est plus libre que jamais,
Et le souverain, je pense,
Aimé de tous les Français.

> Quasi ! Quasi !
> Est le mot choisi
> Qui convient ici,
> Vive Quasi !

Nous voyons moins d'hypocrites
Aujourd'hui qu'au temps jadis.
On ne voit plus de Jésuites,
Quélen est de nos amis.

> Quasi ! Quasi !
> Est le mot choisi
> Qui convient ici,
> Vive Quasi !

Notre ministère habile,
Du Belge assure le sort.
Pour une chose facile,
Il est quasi le plus fort.

> Quasi ! Quasi !
> Est le mot choisi
> Qui convient ici,
> Vive Quasi !

Mettez-vous bien dans la tête,
Qu'il aime les Polonais ;
Des secours qu'il leur apprête,
Ils seront tous satisfaits.

> Quasi ! Quasi !
> Est le mot choisi
> Qui convient ici,
> Vive Quasi !

Son langage est téméraire,
Et fait trembler l'univers ;
Sans le boiteux de l'affaire,
Non, rien n'irait de travers.

    Quasi ! Quasi !
    Est le mot choisi
    Qui convient ici,
    Vive Quasi !

Est-il cause que l'Autriche
Marche puisqu'il le défend ?
L'Italien, qu'elle triche,
De nous doit être content.

    Quasi ! Quasi !
    Est le mot choisi
    Qui convient ici,
    Vive Quasi !

Le peuple des barricades,
Dont il protège l'essor,
Par lui, dans quelques décades,
Se croira dans l'âge d'or.

    Quasi ! Quasi !
    Est le mot choisi
    Qui convient ici,
    Vive Quási !

De Juillet mil huit cent trente,
Il conserve la chaleur ;
Enfin, ce qu'il fait m'enchante,
Et j'en attends le bonheur.

    Quasi ! Quasi !
    Est le mot choisi
    Qui convient ici,
    Vive Quasi !

LES FRANCAIS POUR EXEMPLE.

Air : *Du Dieu des bonnes gens.*

Trois heureux jours suffirent à la France
Pour renverser le droit divin des rois.
La vérité pour les peuples commence,
Et maintenant on pèsera leurs droits.
Ah ! si partout la leçon est suivie,
Les rois tyrans sont perdus à jamais.
Déjà je vois qu'on suit à Varsovie
    L'exemple des Français.   (*bis.*)

Las de gémir, un peuple prend les armes,
Las de se plaindre, il se lève et se bat ;
Le désespoir est plus fort que les larmes,
Le désespoir le conduit au combat.
Sous sa massue, atroce tyrannie,
Ne dois-tu pas expier tes forfaits ?
Sera-ce en vain qu'on suit à Varsovie
  L'exemple des Français ?   *(bis.)*

Le joug affreux d'un despotisme infâme
Tombe et fait place au droit européen ;
La liberté, qui maintenant l'enflamme,
A fait d'un homme esclave un citoyen ;
Mais on peut bien, en exposant sa vie,
Pour s'affranchir combattre sans succès,
Et suivre en vain, ailleurs qu'en Italie,
  L'exemple des Français.   *(bis.)*

LA POLOGNE A LA FRANCE.

Des nations à jamais le modèle,
O France, ô toi l'appui des malheureux !
Quelle autre voix, quand notre voix t'appelle,
Peut arrêter ton essor généreux ?
Si la Pologne, ainsi que l'Italie,
A vainement compté sur tes bienfaits,
Loin de le suivre, il vaut mieux qu'on oublie
  L'exemple des Français.   *(bis.)*

Permettez-vous qu'une lâche puissance ;
Foulant aux pieds et la paix et l'honneur ;
Contre nous puisse appuyer la vengeance
Du plus barbare et féroce oppresseur ?
Ah ! s'il est vrai qu'à tant de perfidie
Vous n'opposiez pour nous que des regrets ,
Loin de le suivre, il vaut mieux qu'on oublie
  L'exemple des Français.   (*bis*).

L'ANGE.

Air : *Alleluia*.

Cette nuit, rêvant, je voyais
Un ange étant près de la paix ;
Prédisant ce que l'on verra.
  Alleluia.

Mais, Messieurs, je dois dire, avant ;
Que l'ange n'annonce pas quand
Tant de bonheur arrivera.
  Alleluia.

Peuples, dit-il, vous allez voir
En d'honnêtes mains le pouvoir;
Partout le droit triomphera.
    Allelu

Pleins d'amour pour la liberté,
Les rois auront tant de bonté
Qu'à peine le monde y croira.
    Alleluia.

Pour le mieux du gouvernement,
Tout devant marcher autrement,
Sans se vendre, on le servira.
    Alleluia.

Rien ne s'y fera par l'argent,
C'est le mérite et le talent
Que partout on recherchera.
    Alleluia.

Des fourbes le monde purgé,
Du démon étant dégagé,
Chacun, sans prêtre, au ciel ira.
    Alleluia.

Plus de haine, plus d'ennemis,
Les opposés seront amis;
La raison les réunira.
    Alleluia.

Plus sages les hommes seront,
Les journaux s'en ressentiront,
Et rien ne vous divisera.
    Alleluia.

Les pères verront leurs enfans
Plus soumis, et reconnaissans
De ce que pour eux on fera.
    Alleluia.

Rempli de mœurs et de vertus,
Le sexe ne le perdant plus,
Pour son époux le gardera.
    Alleluia.

La femme alors, de son côté,
A son époux plein de gaité,
Sans emprunt, son fruit donnera.
    Alleluia.

Plus d'avares ni de jaloux ;
Plus de querelles entre époux ;
Modeste en tout chacun sera.
    Alleluia.

Pour terminer, l'ange de paix
Dit que le bonheur des Français
Par Philippe centuplera.
    Alleluia.

En voyant un jour s'accomplir
Un aussi brillant avenir,
Le carliste même dira :
    Alleluia.

LE CHOLÉRA

Annoncé comme le châtiment d'un dieu de bonté et de miséricorde,

AUX RÉVOLUTIONNAIRES FRANÇAIS.

PAR LE MANDEMENT DE L'ARCHEVÊQUE DE PARIS.

Air *du roi Dagobert.*

Français, vîte à genoux ;
Du ciel entends-tu le courroux ?
    Dequélen a parlé,
Maintenant tout est dévoilé.
    Si ton roi cagot
    N'est remis à flot,
    Tes héros seront
    Tous coulés à fond.
    L'archevêque déjà
Nous menace du Choléra.

D'après son mandement,
Si celui qui l'a fait ne ment,
Le ciel est sans pardon,
Et j'en conçois bien la raison.
Ton règne odieux
Offense les dieux
Portant ici bas
Calotte et rabats!...
Le châtiment viendra,
Je sens déjà le Choléra.

Dans ton pays, sans foi,
Quand malheureusement un roi
Penche pour le clergé,
Le peuple lui donne congé.
Pour lui-même un jour,
Penchant à son tour,
Il va le chasser
Et le remplacer.
Le châtiment viendra,
Je sens déjà le Choléra.

Tous les objets bénis,
Chez toi sont vraiment avilis,
Même assez lestement
Tu traites celui qui les vend.

Maintenant je vois
Qu'à rien tu ne crois :
Reliques, sermons
Ne sont que chansons....
Le châtiment viendra,
Je sens déjà le Choléra.

Au mensonge apprêté
Tu préfères la vérité;
Croirais-tu donc, dis-moi,
Qu'un prêtre va changer pour toi?
Du ciel, sans mentir,
Peut-il se servir
Pour certains projets,
Dans ses intérêts?...
Le châtiment viendra,
Je sens déjà le Choléra.

Perfide, il faut mourir,
Il est temps de te repentir,
Car plus de paradis
Quand tu quitteras le pays ;
Ne crois pas, par l'or,
L'obtenir encor.
Qui te le vendait,
Le refuserait....
Le châtiment viendra,
Je sens déjà le Choléra.

Puisque pour les bigots
Sont les biens, et pour toi les maux ;
Apprends qu'un ciel vengeur
Pour eux sera plein de douceur.
Le bon sens nous dit
Que le Saint-Esprit
Les préserverait
Si Dieu se trompait.
Le châtiment viendra ;
Je sens déjà le Choléra.

L'archevêque est clément,
Et sans doute dit à présent :
Tu n'échapperas pas
A Charles-dix ou Nicolas.
Ensemble je vois
La peste et les rois,
D'un ou d'autre bord,
T'apporter la mort....
Le châtiment viendra,
Au nom du père ! et cetera.

A L'EXTRÊME OPPOSITION LIBÉRALE.

Air : *Faut l'oublier, faut l'oublier.*

Que voulez-vous ? vous qu'on dit être
Les ennemis jurés des rois ;
Du pays, respectez le choix,
Chacun ne peut devenir maître,
Mais on peut briller au-dessous,
En défendant le droit civique.
Vous, en affrontant les verroux,
Si ce c'est pas la république,
Que voulez-vous ? que voulez-vous ?   } (*bis.*)

Que voulez-vous, vous que la France
Élut pour ses législateurs ?
Crut-on que des perturbateurs
Votre voix prendrait la défense ?
Nous trompez-vous, nous trompons-nous ?
Ce système anti-pacifique
Est louche, et nous attriste tous....
Si ce n'est pas la république,
Que voulez-vous ? que voulez-vous ?   } (*bis*).

Que voulez-vous ? Quelle colère
Contre le trône de Juillet !
Messieurs, ce que nous avons fait
Cesse-t-il déjà de vous plaire?
Qui vous met si fort en courroux?
Dans votre ardeur patriotique
Puiseriez-vous de nouveaux goûts !...
Si ce n'est pas la république,
Que voulez-vous ? que voulez-vous ? } (*bis*).

Que voulez-vous ? Notre espérance
Disparaît-elle pour toujours?
Le règne acquis par nos trois jours
Mérite une autre confiance.
De tous côtés, par tous les bouts,
Vous attaquez sa politique,
Rien n'étant exempt de vos coups.....
Si ce n'est pas la république,
Que voulez-vous ? que voulez-vous ? } (*bis*).

Que voulez-vous ? Est-ce la guerre
Que vous ne cessez de rêver?
Ne pouvez-vous vous élever
Sans jeter les autres par terre ?
Lorsque la paix dépend de nous,
Il serait peu philanthropique
De guerroyer comme des fous.....
Si ce n'est pas la république,
Que voulez-vous ? que voulez-vous ? } (*bis*).

Que voulez-vous ? A la tribune
On vous croirait républicains.
Montrez de paisibles desseins,
Si le trouble vous importune ;
Par des discours un peu plus doux
Défendez la chose publique ;
Du passé vous serez absous.....
Si ce n'est pas la république,
Que voulez-vous ? que voulez-vous? } *(bis.)*

Que voulez-vous, quand la patrie
Attend de vous paix et bonheur,
Et qu'elle voit avec douleur
Que vous protégez l'anarchie?.....
Lorsque, pour nous diviser tous,
Vous employez votre logique,
Du pouvoir on vous croit jaloux......
Si ce n'est pas la république,
Que voulez-vous ? que voulez-vous? } *(bis.)*

Que voulez-vous ? C'est la police
Qui, loin de veiller au repos,
Forge, direz-vous, des complots
Pour attrapper quelque jocrisse.....
Aucun trouble ne vient de vous ;
Par la police tout s'explique :
C'est fort bien ; mais répondez-nous ?
Si ce n'est pas la république,
Que voulez-vous ? que voulez-vous? } *(bis.)*

RÉPONSE.

Que voulez-vous? Comme vous-mêmes,
Nous ne pouvons changer d'accens.
Nous croyons le vrai sur nos bancs;
Cherchez qui souffle les extrêmes.
Méfiez-vous plutôt des loups
Qui, sous une forme magique,
Ont tous l'air de saints à genoux !.....
Mais s'ils soufflent la république !.....
Que voulez-vous?... que voulez-vous?...   *(bis.)*

MADAME LA DUCHESSE DE BERRY

A SES AMIS.

Eh ! gai, gai, gai, mes bons amis :
    Charle en France,
      Je pense,
Eh ! gai, gai, gai, je vous le dis,
    Replantera les lis.

Dans ce refrain que chante
Madame de Berry,
Les lis que l'on replante
Sont pour son fils Henry !

Eh ! gai, gai, gai, mes bons amis :
 Charle en France,
  Je pense,
Eh ! gai, gai, gai, je vous le dis,
Replantera les lis.

C'est peu mettre du nôtre,
Dit-elle étant à bas,
Qu'offrir, pour ravoir l'autre,
Moitié de nos états.

Eh! gai, gai, gai, mes bons amis :
 Charle en France,
  Je pense,
Eh! gai, gai, gai, je vous le dis,
Replantera les lis.

Nous avons la parole
De deux rois à ce prix,
Pour renverser le drôle
Qui nous aura tout pris.

Eh gai, gai, gai, mes bons amis :
 Charle en France,
  Je pense,
Eh! gai, gai, gai, mes bons amis,
Replantera les lis.

Sur la France nouvelle
Nous marcherons bientôt,
Pour nous venger, dit-elle,
Cette fois comme il faut.

Eh! gai, gai, gai, mes bons amis :
Charle en France,
Je pense,
Eh ! gai, gai, gai, je vous le dis,
Replantera les lis.

Nous enverrons aux diables
Franchise et libertés,
Alors les moins traitables
Seront les mieux traités.

Eh! gai, gai, gai, mes bons amis :
Charle en France,
Je pense,
Eh ! gai, gai, gai, je vous le dis,
Replantera les lis.

Par un bon protocole,
Louis-Philippe à son tour,
A pied, sans une obole,
Sera mis hors de cour.

Eh! gai, gai, gai, mes bons amis :
Charle en France,
Je pense,
Eh ! gai, gai, gai, je vous le dis,
Replantera les lis.

De nous en abondance
Chacun aura sa part;
Carlistes, récompense,
Et libéraux, la hart.

Eh! gai, gai, gai, mes bons amis :
    Charle en France,
      Je pense,
Eh! gai, gai, gai, je vous le dis,
Replantera les lis.

Tous ceux qu'avec décence
Nous ne pourrons punir,
Madame l'ignorance
Viendra les endormir.

Eh! gai, gai, gai, mes bons amis :
    Charle en France,
      Je pense,
Eh! gai, gai, gai, je vous le dis,
Replantera les lis.

Le sol purgé des traîtres
Et de tous ses vauriens,
Les nobles et les prêtres
Rentreront dans leurs biens.

Eh! gai, gai, gai, mes bons amis :
    Charle en France,
      Je pense,
Eh! gai, gai, gai, je vous le dis,
Replantera les lis.

Ah ! madame ! madame !
Répondis-je à ces mots ,
Si vous avez une âme ,
Prenez garde aux fagots.

Eh ! gai, gai, gai, moi je lui dis :
Charle en France ,
Je pense ,
Eh ! gai, gai , gai, manque d'amis
Pour replanter les lis.

Si de la France entière
Vous respectez les vœux,
Restez en Angleterre ;
Vous ferez beaucoup mieux.

Eh ! gai, gai, gai, moi, je lui dis,
Charle en France ,
Je pense,
Eh ! gai, gai, gai, manque d'amis
Pour replanter les lis.

A LA CONFÉRENCE DE LONDRES.

Air : *Mon père était pot.*

Après un succès de trois jours,
  Qui chassa le parjure,
Voudrait-on livrer aux vautours
  Notre liberté pure?
    A Londres, je vois
    Sur cinq ou six voix
Qui nous protocolisent,
    Sans masque d'abord,
    Deux qui sont d'accord,   (*bis.*)
Et trois qui se déguisent.

Là, je vois la fatalité
  Qui condamne d'avance,
Et qui frappe de nullité
  Tout dans la conférence.
    Quelques cabinets
    Mettant aux rejets
Ce que son art invente,
    Viennent l'arrêter,
    Sans s'inquiéter   (*bis.*)
Du mal qui nous tourmente.

22

Cherchant le bien, petit ou grand,
De chaque protocole,
Je trouve que c'est Taleyrand
Ou nous que l'on enjôle.
Je crois qu'il n'est pas
Un prince ici bas
Qui, par quelque équivoque,
Fidèle en discours,
Ne trompe toujours,
Et de nous ne se moque.

} _(bis.)_

Ministres, vous avez beaucoup
De traîtres dans les vôtres ;
Et les intervenans surtout
Sans le permettre aux autres.
Après maint affront
Que les rois nous font,
Pour essayer leurs forces,
Le droit, le bon sens,
Disent qu'il est temps
D'en venir aux amorces.

} _(bis.)_

Que répondre à la liberté,
Demandant, je suppose,
Avez-vous pris un arrêté
Valable en quelque chose?...
Aussi bien que moi,
Vous savez ma foi

Quel cas en fait le russe;
  Puis le hollandais,
  Sans compter après
L'Autriche ni la Prusse.

              (bis.)

Aux peuples vous portez malheur,
  Car on les sacrifie,
En les laissant dans la langueur
  Perdre leur énergie.
    J'approuve la paix,
    Cependant jamais,
  Au prix de tant de honte,
    En France surtout
    Ce n'est pas du tout
    Ce qui fait notre compte.

              (bis.)

Pour être fidèle aux traités
  De la Sainte-Alliance,
Il faudrait des fidélités
  Comme on en trouve en France.
    Mais il en est peu,
    L'honneur mis en jeu
  Fuit le nord qu'il déserte.
    Leur nouveau détour
    Doit conduire un jour   *(bis.)*
    Les traîtres à leur perte.

Messieurs, terminez les travaux
De votre conférence.
Il nous faut, accablés de maux,
Courir à la vengeance.
Vous aurez pu voir
Que sans le vouloir,
Ou le voulant peut-être,
Vous nous arrêtez
Par tous vos traités,
Morts avant que de naître.
} (*bis.*)

Enfin encor souffrirez-vous
Que toujours l'on vous berne ?
D'en finir nous sommes jaloux,
Pour ce qui nous concerne.
Prononcez-vous donc,
Et prenez le ton
Que la justice ordonne.
Au sort des combats
Livrez les débats,
Nous ne craignons personne !
} (*bis.*)

LA PAIX.

Air : *Vivent les Gueux.*

La paix..... La paix,
A beauçoup d'attraits,
Et nous convient, mais...
Vive la paix !

Nous avons tiré vengeance
D'un despotisme effronté,
Nous avons sauvé la France,
Mais avec la liberté.

La paix..... La paix,
A beaucoup d'attraits,
Et nous convient, mais...
Vive la paix !

Il fallait au moins d'avance
Faire approuver nos travaux
Par cette Sainte-Alliance
Qui protège les bigots.

La paix..... La paix,
A beaucoup d'attraits,
Et nous convient, mais...
Vive la paix !

Ensuite avions-nous de Rome
En forme même un permis,
Pour détrôner le saint-homme,
L'un de ses meilleurs amis.

 La paix..... La paix,
A beaucoup d'attraits,
Et nous convient, mais...
 Vive la paix !

Sans les trouver, à vrai dire,
Je cherche nos qualités...
Obtient-on ce qu'on désire
En troublant de tous côtés.

 La paix..... La paix,
A beaucoup d'attraits,
Et nous convient, mais...
 Vive la paix !

Après quinze ans de souffrance
On peut être languissant,
Mais nous serions mieux je pense
Si nous trouvions en passant

 La paix..... La paix,
A beaucoup d'attraits,
Et nous convient, mais...
 Vive la paix !

Pressons donc la conférence,
Qui remet depuis deux ans
Les intérêts de la France :
On ne peut plus vivre sans

    La paix..... La paix,
  A beaucoup d'attraits,
  Et nous convient, mais...
    Vive la paix !

Ces débats interminables,
Dont notre salut dépend,
Devraient être à tous les diables.
On souffre quand on attend

    La paix..... La paix,
  A beaucoup d'attraits,
  Et nous convient, mais...
    Vive la paix !

Que nos drapeaux apparaissent
Sur le sol de l'étranger !
Les peuples qui les connaissent
Auront, venant s'y ranger,

    La paix..... La paix,
  A beaucoup d'attraits,
  Et nous convient, mais...
    Vive la paix !

Sans doute que la victoire,
Toujours fidèle à nos rangs,
Ajouterait à leur gloire,
En renversant les tyrans,

La paix..... La paix,
A beaucoup d'attraits,
Et nous convient, mais...
Vive la paix !

Enfin pour être tranquille,
Et vivre en sécurité,
Il faut un solide asile
Partout à la Liberté.

La paix..... La paix,
A beaucoup d'attraits,
Et nous convient, mais...
Vive la paix !

VOILA POURQUOI L'ON CHANGE.

Air : *de la Chasse* de l'opéra du Roi et le Fermier.

Le temps
Des doux momens.
Est, pour le plaisir, en amour
Trop court.
Beautés,
De tous côtés,
L'aimeraient plus long pour la nuit
Au lit.
Si deux
Amans heureux,
Brûlans, succombent à l'assaut
Trop tôt,
Le bonheur disparaît
Et
Ce qui reste est le regret.

Dis-moi,
Ami, pourquoi
Nous perdons sitôt au plaisir
Désir,

Quand les
Femmes après
Conservent encor dans le cœur
Le leur.
—Hélas!
Ne sais-tu pas
Qu'il en faut aussi pour dehors;
Qu'alors
Femme a besoin du sien?
—Hein?
—Assez, je ne dis plus rien.

Donnant
A femme ayant
Ce qu'il lui faut pour recevoir
Avoir,
Plutôt
Qu'elle, et trop tôt,
Nous nous trouvons tous au repos
Dispos.
Nos soins,
Pour ses besoins,
Ne pouvant suffire à ses sens
Ardens,
Au lieu d'un, à ses yeux
Deux
Lui conviennent beaucoup mieux.

Un jour,
Mu par l'amour,
Mon cœur pour un aimable objet
Battait.
Heureux
Bientôt tous deux,
De m'aimer on fit promptement
Serment.
Le soir,
Je dus la voir,
En faire avec un autre amant
Autant.
Or, si grand appétit
Dit
Qu'il en faut pour jour et nuit.

Jouet
De cet objet,
Je pourrais bien, pour m'en venger,
Changer.
Paris
Est le pays
Où remplit nos vœux chaque jour
L'amour.
Aimer
Sans s'enflammer,
Vouloir, demander, obtenir,
Jouir,
On est heureux pour ça,
Là,
Et servi dès qu'on y va.

Mais non,
A ma maison
Je préfère, sans différer,
Rentrer.
C'est dit,
Je suis instruit,
Et je ne le fus pas en l'air ;
C'est clair.
Étant
Etudiant,
Plus bas, on m'apprit à propos
Ces mots :
« Les hommes tout du long
« Sont
« Ce que les femmes les font. »

Comme eux
Bien trop heureux
Si je ne deviens convaincu
Cocu ;
Mais non.
Fi ! non, non, non,
J'en suis par les nœuds de l'hymen
Certain.
Jamais
Je n'ai vu près
De mon objet chéri, divin,
Voisin.
D'ailleurs si je l'étais. . .
Paix ! . . .
Ne soyons pas indiscrets.

Serment
D'attachement
N'est rien, on le sait, pour les gens
Changeans.
J'en fis
Et m'ébahis
De n'en voir tenir à chacun
Aucun.
Honneur
Au noble cœur
Que n'ont gâté l'amour ni l'or
Encor.
En trouver c'est hasard,
Car
La vertu reste à l'écart.

LE DANGER D'EN APPRENDRE

PLUS QUE L'ON NE DÉSIRE.

Air : *Eh! lon lon la landerirette.*

Lise, oh ! qu'un jaloux est bête !
   Je crains qu'en particulier
   Un autre que moi ne fête
   Et ne touche à ton rosier.
     Jamais, d'honneur,
     Répond Lisette,
On ne le touche étant en fleur.

Que faisait donc, sur l'herbette,
   Hier, Colin avec toi,
   Lorsque sa main indiscrette
   Fut prendre... tu sais bien quoi.
     C'est un oiseau,
     Répond Lisette,
Qu'il cherchait auprès d'un ruisseau.

Cet oiseau fort peu sauvage,
　Je sais très-bien qu'il le prit,
　Mais je voudrais dans ta cage
　Vraiment savoir s'il le mit.
　　Selon ses vœux,
　　Répond Lisette,
Non une fois, mais au moins deux.

Ma bouche devient muette
　Aux derniers mots que j'entends ;
　Deux fois, dis-je, et c'est Lisette
　De qui même je l'apprends !...
　　Tardifs regrets,
　　La chose est faite ;
J'en sais plus que je ne voulais.

Lise paraît satisfaite,
　Et moi je plains les jaloux.
　Amans d'une autre poulette,
　Du doute contentez-vous.
　　Apprendre et voir
　　Chose complète,
C'est en amour trop de savoir.

Plus d'un sujet d'amourette,
  Peut donner du repentir,
  Et bien souvent on regrette
  D'avoir pu l'approfondir.
    Rien en secret
    N'est la défaite,
Quand rien ne reste où l'on le met.

A vous, Messieurs, je souhaite
  Femme qui vous rende heureux,
  Et puisse mieux en cachette,
  Avec un Colin ou deux,
    Vous faire aussi
    Landerirette,
Dont on ne meurt pas, dieu merci. (1)

A mentir femme est sujette,
  J'ai vu plus d'un jardinier
  Venir près de ma Lisette
  Pour arroser son rosier,
    Même, d'honneur,
    Main indiscrète
Le toucher, quoiqu'il fût en fleur.

---

(1) Chacun répète ici :
  Dieu merci, dieu merci.

LA PIÈCE NEUVE,

ou

LE SOMMELIER DE SAINT-CLOUD.

Air *du Menuet d'Exaudet.*

A Saint-Cloud,
  Par un trou,
  Sans lorgnette,
J'ai vu certain Sommelier,
  Mettre sur le chantier
Pièce neuve et bien faite.

Assez près
  D'où j'étais,
  Il la presse,
Et mieux qu'aux Variétés,
  Je vis de tous côtés
  La pièce.

24

D'abord ce qu'il en soulève,
Cédant à ses mains, s'enlève;
Puis enfin
Le voisin
La renverse,
Tenant en main son foret,
Il l'ajuste et la met
En perce.

L'instrument
Amplement
Fit l'affaire;
A pièce neuve il est doux
D'avoir place à des trous
Qu'on aime tant à faire.

Maintenant,
Même avant
L'ordonnance,
Bien des gens courant après
Les trouveront tout faits
D'avance.

L'OISEAU MORT.

Air : *Des Gueux.*

La mort, la mort
Pour qu'il meure encor,
Arrive et l'endort.
Vive la mort !

Cet oiseau mort que je chante
Est très-sujet au réveil;
La mort, qui nous épouvante,
N'est pour lui que le sommeil.

La mort, la mort
Pour qu'il meure encor,
Arrive et l'endort.
Vive la mort !

A table, avec la tendresse,
La coupe attire ses goûts;
Mais il tombe dans l'ivresse,
Quand il boit deux ou trois coups.

> La mort, la mort
> Pour qu'il meure encor,
> Arrive et l'endort.
> Vive la mort !

Le matin , souvent ma Lise,
Le voyant plein de santé,
Le fait chanter à sa guise ,
Mais quand il a répété :

> La mort, la mort
> Pour qu'il meure encor,
> Arrive et l'endort.
> Vive la mort!

Avec moi , dans le voyage,
Son chant quelquefois séduit;
Mais en rentrant dans sa cage
Il ne sait plus ce qu'il dit.

> La mort, la mort
> Pour qu'il meure encor,
> Arrive et l'endort.
> Vive la mort !

Il va bien dès le prélude
D'un nouvel air enchanteur;
Mais pour le chant d'habitude
Il ne montre aucune ardeur.

> La mort, la mort
> Pour qu'il meure encor,
> Arrive et l'endort.
> Vive la mort !

Jeune, il faisait ses délices
De plaire à mainte beauté ;
Maintenant dans ses caprices
Avec une a-t-il chanté,

> La mort, la mort
> Pour qu'il meure encor,
> Arrive et l'endort.
> Vive la mort !

Depuis qu'il avance en âge,
Il est beaucoup moins joyeux ;
Le temps gâte son plumage,
L'âge le rend paresseux.

> La mort, la mort
> Pour qu'il meure encor,
> Arrive et l'endort.
> Vive la mort !

Pour moi je voudrais encore
Le revoir en son printemps ;
Car éloigné de l'aurore
S'il chante de temps en temps.

La mort, la mort
Pour qu'il meure encor,
Arrive et l'endort.
Vive la mort !

Mais enfin sur l'autre rive
Puisqu'on part pour si long-temps,
Avant que son tour arrive
Puissé-je chanter cent ans :

La mort, la mort
Pour qu'il meure encor,
Arrive et l'endort.
Vive la mort !

CE QUE JE SOUHAITE AU MONDE.

Air : *Femmes, voulez-vous éprouver.*

Je souhaite mère aux enfans
Qu'on voit naître dans l'infortune,
Pleine pour eux de soins touchans,
Ainsi que j'en connais bien une.
Ils trouveraient dans sa douceur
Et dans sa vigilance extrême,
Tout ce qui peut dans le malheur
Faire oublier le malheur même.　　　　　(*bis.*)

Aux mères je souhaite aussi
Dans leurs enfans semblable fille,
Les aimant comme celle-ci
Aime la sienne et sa famille,
Pour compenser leurs tendres soins,
Les secourir dans leur souffrance :
Elles pourraient trouver au moins
Le prix de la reconnaissance.   (*bis.*)

Je souhaite femme aux époux
En tout semblable à ce modèle,
Bien convaincu qu'ils auraient tous
Chacun femme aimable et fidèle.
J'en ébauche ici quelques traits,
Sans dire le nom de la dame,
Car, Messieurs, si je le disais,
Vous sauriez celui de ma femme.   (*bis.*)

A LA FIN

IL FAUDRA BIEN QUE L'ON COMMENCE.

Air : *de la Colonne.*

Notre avenir plein d'espérance,
Après les beaux jours de juillet,
Par dix-huit mois de conférence,
Loin de s'approcher, disparaît.
Pour nous la guerre a plus de chance
Que la paix, qu'on désire en vain.
Attendons encore..... à la fin
Il faudra bien que l'on commence.

Mais en attendant, la patrie,
Sans commerce, souffre et gémit ;
Et ce n'est pas la flatterie
Qui peut lui rendre son crédit.
L'écouter, c'est imprévoyance ;
L'éloigner serait plus humain.
Attendons encore..... à la fin
Il faudra bien que l'on commence.

C'est par elle que la calotte
Arma le parti papelard,
Qui ne se montrait patriote
Que pour cacher son étendard.
Mais pour punir son insolence
Si l'on remet au lendemain,
Attendons encore..... à la fin
Il faudra bien que l'on commence.

Le papelard et le carliste
A mes yeux n'ont toujours fait qu'un.
Depuis qu'ici le mal existe
On sait qu'ils le font en commun.
Or, c'est contre eux que la puissance
Doit s'armer et marcher soudain.
Attendons encore... à la fin
Il faudra bien que l'on commence.

Quand verrons-nous, je le demande,
Arrêter les mille forfaits
Que commet leur atroce bande
Sur des patriotes français?
Portes-tu donc, ô jeune France,
Ta destruction dans ton sein?
Attendons encore..... à la fin
Il faudra bien que l'on commence.

Laissera-t-on toujours en place
Les amis de tous ces brigands ?
Voilà le mal : qu'on les remplace,
Dès-lors nous n'aurons plus de chouans.
N'est-il pas temps que la prudence
Y fasse songer un matin ?
Attendons encore..... à la fin
Il faudra bien que l'on commence.

Qui donc chez nous ne pourrait croire
Que le carliste est soutenu
Par l'ennemi de notre gloire,
Masqué, mais pourtant reconnu ?
Qui croit que la Sainte-Alliance
Ne nous cache pas son dessein ?
Attendons encore..... à la fin
Il faudra bien que l'on commence.

Croyez-vous que le roi Guillaume
Ne tient pas la clef des secrets ,
Qu'il exposerait son royaume
Si l'on voulait vraiment la paix ?
Plus nous avons de confiance ,
Et plus nous aurons de chagrin.
Attendons encore..... à la fin
Il faudra bien que l'on commence.

M. VIRTON, ou L'ÉTEIGNOIR.

Virton est un vieillard dont les goûts sont friands,
Mais il ment en hiver aussi bien qu'au printemps.
A l'entendre, on croirait qu'il fait son ordinaire
Des plus tendres morceaux ; que de plus il peut faire
Partir souvent encore, en invoquant l'amour,
Et sans forcer son arc, plus d'un trait chaque jour.
Ainsi, vieux comme jeune, en ce point la nature
Est toujours magnifique : il faut voir la mesure !
On ne trouva jamais un pauvre là-dessus.
Arrive-t-on au fait, assez, n'en parlons plus ;
C'est le bout de l'optique où l'on trouve à la vue
Non l'objet qui grossit, mais bien qui diminue.
Quant à mon vieux Virton, je le ferai punir,
D'abord en le montrant tel qu'il est au plaisir,
Après un mariage où, pour sa récompense,
J'espère l'enchaîner, grâce à la Providence,
Afin de lui donner par son épouse, un jour,
Cette aimable parure à laquelle l'amour
A toujours fait trouver à Vénus tant de charmes,
Pour orner un mari trop faible sous les armes,
Parure dont Virton, généreux tant et plus,
Fit don aux bons maris par leurs propres Vénus,

Et qu'il est juste aussi qu'il puisse par sa femme
Recevoir à son tour. D'abord cherchons la dame,
Ou laissons-le plutôt lui-même la chercher,
Et qu'il n'ait pour cela rien à nous reprocher.
Les femmes sont pour lui des objets politiques,
Dont on trouve au palais grand nombre de boutiques.
Aussi va-t-il flairer devant les magasins,
Lorsqu'il les voit remplis de minois féminins.
C'est là qu'il va chasser, portant avec adresse
Une bourse à la main, pour attraper la pièce;
Arme dont le doux son réussit tous les jours,
Et renverse l'objet, les mains pleines d'amours.
Que cette arme perfide a donc fait de ravages!
Qu'elle a perdu de gens !... et Virton de ménages!
Combien de nœuds par elle, après mûr examen,
N'aura-t-il pas brisés dans la chaîne d'hymen?
Il reste vieux garçon, sans doute par prudence,
Ayant du mariage assez d'expérience.
Hé bien ! qu'il entre en scène; aucun autre que lui
Ne le mérite mieux. Je vais, dès aujourd'hui,
Pour l'attraper, en faire un héros d'aventure,
Où je veux qu'il vous montre une triste figure.
　　Messieurs, voilà qu'il part. Il s'en va doucement
De Saint-Roch au Palais chez madame Aliment,
Marchande renommée, en modes fort habile,
Celle qui plaît le plus et coiffe mieux la ville.
Virton trouve chez elle, au milieu de ses fleurs,
Une rose nouvelle enflammant tous les cœurs.
Le sien brûle aussitôt; Rose, qui l'entend geindre,
Dit : J'ai mon éteignoir, et je pourrais l'éteindre.

Mais cette fois je veux qu'on prenne le terrain ;
Ainsi donc l'éteignoir n'est qu'au bout de ma main.
Virton, toujours brûlant, en vient au mariage ;
Oui, mais auparavant il voudrait bien un gage,
La moindre chose, un rien qui ne peut la fâcher,
Seulement l'éteignoir pour aller se coucher.
Rose, que trop souvent l'on avait attrapée,
Dit : Qu'il brûle plutôt jusques à la poignée.
Il voudrait l'essayer, et je sais là-dessus
Ce qu'il m'en coûterait ; il ne reviendrait plus.
Ses soixante et dix ans sont moins ce qui la tente
Qu'un nombre égal qu'il a de mille francs de rente.
Mais la flamme augmentait. Rose, tenant Virton,
Le fit passer. — Par où ? — Mais par où passe-t-on,
Quand il faut consentir à ce que veut la femme,
Et qu'il s'agit d'éteindre un feu qui nous enflamme ?
Dès qu'il faut obéir, ah ! qu'importe par où ?
On doit ma foi passer, s'il le faut, par un trou.
Voyant qu'il ne peut rien obtenir en avance,
Et voulant s'en donner, ainsi que bien l'on pense,
Voilà que tout de bon il se décide enfin,
Pour avoir l'éteignoir, à demander la main.
Rose se radoucit et dit : Oui, pour la vie
Vous me trouverez prête à la cérémonie.
Puis Virton, lui donnant pour signe de sa foi
Un brillant qu'elle prend, répond : Compte sur moi.
Malgré soixante et dix, tu seras ébahie
De voir comment j'y cueille une rose jolie.
Figure-toi déjà voir tes petits Virtons,
Regarde autour de toi ces tendres rejetons ;

Les entends-tu te dire : Ah ! maman, baise ! baise !
Cela te fait plaisir, et moi j'en suis bien aise ;
Car tu ne feras rien contre l'honneur d'un front
Qui s'incline pour toi, n'est-ce pas ? — Allons donc,
Y pensez-vous, Virton ? Ah ! votre graine éclose
Pourra bien m'occuper, sans rien faire autre chose.
Nous le verrons, dit-il ; puis il rit et s'en va.
La conversation alors s'arrête là.
Mais Virton quatre fois étant plus vieux que Rose,
Je crains bien qu'il ne meure avant sa graine éclose.
Rose, dans la richesse espérant bien jouir,
Venait de tout promettre avant de réfléchir ;
Mais quelques jours après la petite marchande
Y réfléchit beaucoup. Avant qu'on me demande
Comment j'ai pu savoir, connaître un tel secret,
Je dis qu'il faut le taire et je serai discret.
Mon véritable but est d'exciter le rire.
Lecteur, si j'y parviens, qu'aurez-vous à me dire ?
Sur le pauvre Virton Rose enfin s'épuisait,
Sans se douter ni voir que quelqu'un l'écoutait.
Bien souvent sa parole était entrecoupée ;
Quand on parle à soi-même on se dit sa pensée.
Pour moi qui l'entendis, j'en ai ri de bon cœur ;
J'en ferai rire aussi les gens de bonne humeur.
Je voudrais bien, dit-elle, être plus vieille encore,
Pour connaître l'effet du feu qui le dévore...
Je crois bien qu'à présent ses beaux jours sont passés ;
Mais pour ce qu'il m'en faut... j'en aurai bien assez.
D'ailleurs..... pourquoi donc pas?.... ma foi, moi comme
                                     une autre...
Oui, mais... il faut avant juger au moins du nôtre...

J'en ai mauvaise idée... Allons, allons, c'est dit,
Femme peut être heureuse avec un peu d'esprit
Et de... facilité. Le pire est qu'on en glose,
Et qu'on donne aux maris, pour un rien,...quelque chose;
Car le public méchant nous met sur le tapis
Avec d'autres toujours que nos pauvres maris.
La femme est plus aimable et beaucoup plus féconde,
Et doit sous ces rapports mieux amuser le monde.
Mais pourquoi donc, hélas ! puisqu'il nous aime un peu,
Ne pas nous pardonner la moindre chose au jeu,
Nous à qui si souvent il doit demander grâce ?
Car, lorsqu'il ne le peut, il faut bien qu'on s'en passe...
Mais non... il ne croit pas à la fidélité :
Souvent, croyant mentir, on dit la vérité.
En nous calomniant on nous pousse à détruire
Ce qui nous porte au bien... Fît-on mal... on fait pire.
Je sais bien que pour moi j'en serais à ce point,
Si j'étais aussi bien ce que je ne suis point...
Mais cessons d'y rêver, car j'en deviendrais folle ;
Et puis il est trop tard, Virton a ma parole.
Je suis sincère ; elle est sacrée et j'y tiendrai.
D'ailleurs, qu'ai-je à risquer ?... pour ce que j'y perdrai...
Je n'en avais qu'un seul...mais, eût-on la douzaine,
On perdrait tout ici dans moins d'une semaine.
Disons qu'il est heureux, oui très-heureux pour nous,
Il faut en convenir, qu'il soit plus d'un époux
Qui pense s'y connaître, et qui n'y connaît goutte...
C'est assez naturel, la nuit nous trompe en route.
La route étant la fin de sa réflexion
Va nous conduire droit au lit de l'union.

La voilà dans sa chambre, et je m'y trouve encore.
Comment donc, direz-vous? Dame, il faut qu'on l'ignore,
Si je ne le dis pas. Mais d'ailleurs que sait-on ?
C'est peut-être de moi qu'on attend le bouillon.
Que je le dise ou non, lecteur, que vous importe ?
Ce n'est que l'entretien qu'il faut qu'on vous rapporte :
Vous en pourrez juger en le voyant passer.
Ecoutez un moment ; Rose va commencer.
    Virton essaye en vain. Eh bien ! donc, lui dit-elle,
Ce feu si dévorant est-il feu de chandelle ,
Qu'un peu de vent éteint lorsqu'il souffle dessus?
En resterons-nous là ? vous ne me parlez plus.
Et Virton s'obstinait à garder le silence.
Mais Rose , qui veut voir, se lève, et, par prudence,
Ayant d'abord du lit écarté le rideau,
Examine l'objet, et dit : Voilà du beau !
Ne me cachez-vous rien ? serait-ce tout, dit-elle ?
Que pourrez-vous en faire ? et la rose si belle,
Qui vous enflammait tant, que vous deviez cueillir,
A mon étonnement, avec tant de plaisir,
Qui donc la cueillera, si ce n'est pas vous-même ?
Réfléchissez-y bien ; voyez-vous, quand on aime,
Ce qu'on promit avant doit se tenir après.
Travaillez donc un peu ; c'est dans vos intérêts.
Résolu de bien faire, alors le cher bonhomme
Essaye à droite, à gauche, et c'est toujours tout comme.
Tu le vois bien, dit-il, je ne puis l'affermir ;
Tombant comme un ivrogne, il faut le soutenir.
Depuis vingt ans, hélas! je n'en sais pas la cause,
Cent fois je l'ai tenté : c'est toujours même chose.

Ah ! c'est la même chose ; au moins c'est consolant.
Peut-être auriez-vous pu le dire auparavant.
Alors, dit-elle, alors, d'après ce témoignage,
Je n'en aurai pas plus qu'avant mon mariage.
Femme au monde jamais n'en eut peut-être moins
Que je n'en trouve ici... C'est triste, néanmoins :
Un peu me suffirait ; en vain je le demande ;
Heureusement pour vous, je ne suis pas gourmande.
Faudra-t-il renoncer à ces petits Virtons ?
Dois-je leur dire adieu ? Pas encore ; attendons.
Mais, je n'en reviens pas, quel est donc le génie
Qui peut à l'impuissance exciter tant d'envie ?
Et quel feu, près de moi, vous fit brûler si fort,
Lorsque depuis vingt ans vous ne portez qu'un mort ?
C'est un feu que fait naître un goût de tâtonnage,
Qui remplit vos désirs, et non ceux de mon âge.
Sexe aimable, apprenez qu'épouser un vieillard,
Espérant en avoir, c'est trop mettre au hasard.
Dans le ménage, alors, faut-il donc qu'on s'étonne,
Quand vieil époux n'a rien, que jeune femme en donne ?
Avant le mariage il devrait y compter.
Ce n'est pas là pourtant que je veux m'arrêter.
Quoique je sois de feu, que vous soyez de glace,
Ne croyez pas, Virton, qu'ici je vous menace.
En femme qui sait vivre, et pleine de savoir,
Sur ce que je vous dois je ferai mon devoir.
J'eus tort, je le vois bien ; aussi, je le confesse,
J'ai perdu le bonheur, pour avoir la richesse.
J'en fais pourtant l'aveu, si je redevenais,
Sachant ce que je sais, libre comme j'étais,

Je verrais tout avant d'être propriétaire.
A quoi sert un objet dont on ne sait que faire ?
On conçoit bien sa plainte ; oui , mais on répondra
Qu'on ne peut pourtant pas donner plus que l'on n'a.
Voici le vrai moment où Virton doit attendre
Des services pareils à ceux qu'il a su rendre.
Ses regrets maintenant seraient tous superflus ;
S'il en eût donné moins il en resterait plus.
Nous le verrons bientôt de cette confrérie
Dont le premier humain commença la série.

LE NUAGE

ou

LA RUSE DE MADAME VIRTON.

Sur les bords de la Seine, entre Asnière et Paris,
Demeurent mes héros, au moment où j'écris.
Souvent, quand il fait beau, je leur fais ma visite.
Aujourd'hui j'ai vu Rose, à qui la réussite
De ses premiers desseins inspire des projets
Qui doivent accomplir quelques nouveaux souhaits.

Tout près d'elle, caché, j'entends qu'elle improvise,
Et je suis plus heureux qu'un fidèle à l'église,
Qui souvent au récit qu'on lui fait n'entend rien,
Parce que le langage y diffère du sien.
Elle parle français, et j'apprends son affaire.
Moi, comme un franc bavard qui ne sait pas se taire,
Je vais aux curieux qui voudront m'écouter
Etre l'écho de Rose, et tout leur répéter.
Mais d'un voile brodé sur une claire gaze
Le nud sera couvert, de peur que l'on ne jase.
Vous saurez donc d'abord quels sont ses beaux projets ;
Le discours est avant, l'action est après.
Elle se plaint beaucoup, et commence par dire
Que l'hymen est tranchant, puisqu'il coupe le rire.
Jamais aux coups du sort on ne peut échapper ;
On a beau réfléchir, ils viennent vous frapper.
Hélas ! dit-elle, hélas ! avant mon mariage,
Quelles réflexions, concernant le ménage,
Ne fis-je pas alors ? Que j'ai bien réussi,
Et comme mon amour en est bien adouci !
Je vous en veux, Virton, d'avoir, sur ce chapitre,
Enflé certain objet, qu'est-il devant l'arbitre ?...
Rien, et j'en puis juger aujourd'hui mieux qu'avant,
Puisque je le possède et l'ai vu maintenant.
Mais, mon Dieu ! si pourtant, devenant nécessaire,
Et je ne dis pas non, ne pouvant en rien faire,
J'allais le remplacer ! au besoin on le doit ;
N'aurais-je pas raison, quand pour moi j'ai le droit ?
Or, ce besoin existe, et, comme ici le beurre
Qu'avait promis Virton n'est tout-à-fait qu'un leurre

Qu'on ne peut s'en servir, qu'il ne peut dégeler,
Cherchons-en de meilleur, et cessons d'en parler.
Virton aurait besoin d'un digne homme d'affaires.
Je connais bien un clerc qui vaudrait dix notaires ;
Pour remplir son objet il faut le faire entrer ;
Je voudrais qu'il y fût. Virton doit l'ignorer.
Voyons, comment s'y prendre ?... Eh ! mais oui, c'est mon
                                                    frère ;
Juste il porte mon nom ; c'est l'homme nécessaire,
Convenable à la place ; alors il entrera,
Et je puis même dire aussitôt qu'il voudra.
C'est d'autant plus aisé, que Virton prit la fille
Ne connaissant que moi de toute la famille.
Je trompe les méchants en trompant mon époux :
Les mauvais quolibets ne pourront rien sur nous.
Faites, pieux paillards, de nom changer vos nièces :
Que, sous celui de sœurs, aussi ces tendres pièces
Puissent mettre à couvert votre amour, leur honneur :
On ne dit jamais rien du frère avec la sœur.
Pour moi, j'ai tout prévu ; j'en suis vraiment ravie,
Dans l'intrigue on croirait que je passe ma vie.
Je vais parler pour vous, Monsieur Jules Firmin.
Vous entrerez ici peut-être dès demain ;
Et je ne veux de vous, pour toute récompense,
Que cet attachement que je connus d'avance.
Mon frère, apprêtez-vous ; soyez homme d'honneur,
Et rappelez-vous bien que je suis votre sœur.
[[Lecteur, elle a fini. Si vous voulez m'entendre,
Je vais continuer, afin de vous apprendre
Ce qui s'en est suivi, par quel rare bonheur,
Virton eut un croissant du frère avec la sœur.

Vous ne répondez rien? Alors je continue.
Prêtez l'oreille à tout, ne perdez rien de vue.
Voilà que chez Virton on voit entrer Firmin;
Car tout finit bientôt où Rose met la main.
La feinte sœur alors imagine une ruse
A qui la nouveauté pourra servir d'excuse.
Fort savante en amour, et prévoyant un cas
Qui peut embarrasser, quand on n'y triche pas,
Vous croiriez, connaissant la nullité complète
Du mari, qu'elle va tout faire à la muette.
Point du tout, ce n'est point ainsi qu'elle s'y prend;
Tout en trompant l'époux il faut qu'il soit content.
Voici de quoi Madame un beau matin s'avise:
Dans les bras de Virton elle saute en chemise,
L'embrasse, le caresse et, d'un air satisfait,
Dit: Vous êtes charmant! Lui, qui n'est pas au fait,
Ne sait d'où peut venir tant de reconnaissance.
Hé bien donc, répond-il: Quelle est la providence
Qui m'attire aujourd'hui cet accueil de ta part?
Ah! Rose, dis-le moi.—Méchant, c'est le hasard
N'est-ce pas qui t'aura, plein d'un amour aimable,
Fait jouir cette nuit d'un plaisir délectable;
Qui t'aura transporté dans mes bras, sur mon cœur,
Qui m'a fait partager avec toi le bonheur?
—Si tu ne rêves pas, je suis donc somnambule.
Je l'ignorais, dit-il, Rose, qui dissimule,
Dit alors, par ma foi, je devine, en ce cas,
Pourquoi, quand je parlais, tu ne répondais pas.
Ah! Dieu, disais-je! Ah! Dieu!..—Mais, à t'entendre, Rose,
J'étais donc bien capable encor de quelque chose.

Capable, répond-elle? hé bien ! en vérité,
J'ai trouvé plus, oui, plus que la capacité.
C'était pis que Titon près de sa tendre Aurore...
Ah! comme je t'ai vu que ne te vois-je encore?....
C'est, dit-il, étonnant. Oui ! crois-moi, si tu veux,
J'aurai fait cette nuit plus fort que je ne peux ;
Et cependant vraiment aucune lassitude
En moi n'annonce rien de plus que d'habitude.
C'est que probablement ce qu'on fait en dormant
Se fait sans qu'on y pense, et n'est pas fatigant.
Vous voyez que l'époux, apprêté par l'histoire,
Prend du goût au poisson et l'avale sans boire.
Mais, sans nous arrêter, on peut dire en passant,
Le fait étant très vrai, qu'il paraît surprenant ;
Car on a de la peine à se fourrer en tête
Qu'un roué libertin soit devenu si bête.
Après un tel repas, s'il vient, pour le dessert,
A Virton quelques fruits, Madame est à couvert.
Pour achever son rôle elle devient rêveuse,
Et dit à son époux : Lorsque je suis heureuse,
Comment donc se fait-il qu'en sondant l'avenir,
J'aperçoive un nuage au milieu du plaisir ?
— Tu ne devines pas. Est-il gros ce nuage ?
— Pas trop. — C'est un enfant, un vrai Virton je gage.
— Monsieur, vous plaisantez, mais moi je ne ris pas.
Pour vous sont les plaisirs, pour nous les embarras.
Des enfans ! ah ! mon Dieu ! voilà comme vous êtes ;
Vous ne nous aimez bien que lorsque vous les faites.
— A quoi bon ton humeur, Rose ? Peut-on prévoir
Une chose qu'on fait sans s'en apercevoir ?

Un enfant s'ensuivrait : c'est un jeu de fortune
Où je fus sans plaisir, et sans douleur aucune,
Je puis te le jurer ; tu n'as donc pas raison,
Mais regretterais-tu d'en avoir un ? — Oh ! non.
—Hé bien, embrassons-nous, et dis-moi que tu m'aimes,
Et que tes sentimens seront toujours les mêmes.
— Oh ! pour cela, Virton, vrai, je te le promets.
Vous voyez qu'il est pris dans ses propres filets ;
Il s'en va bien content d'être censé le père
De l'enfant à venir, et que sa femme espère.
A peine est-il sorti, vîte, un signe de main
Et la toux de commande en préviennent Firmin.
Il vient ; alors sa sœur, en étouffant de rire,
Dit ce qui s'est passé, et comment, sans le frire,
Elle avait fait gober à son époux Virton,
Qui ne s'en doutait pas, le plus fameux goujon
Que l'on n'eût jamais vu, que femme plus hardie
N'eût osé faire au sien avaler de sa vie.
Firmin en rit aussi, l'en félicite et dit:
A tantôt, dans le bois. — Bon, je sais ; il suffit.
—Ta récompense est là ; ne t'y fais pas attendre.
Il part et le premier sans doute va s'y rendre.
Un certain garde alors, assez joli garçon,
Et qui, par parenthèse, était de la maison,
Devenant ardemment amoureux de la dame,
Cherchait l'occasion de découvrir sa flamme,
Et de si près suivait l'objet de son ardeur,
Qu'il découvrit ainsi le chemin du bonheur.
D'une touffe de bois, se faisant claire haie,
Le garde vit comment Firmin pansait la plaie

Que l'amour avait faite à Madame Virton.
Voyez un peu pourtant comme l'amour est bon !
Il est très-consolant qu'une autre providence,
Guérisse ici le mal aussitôt qu'on le panse.
Les voyez-vous livrés à ces épanchemens
Qui font vibrer le cœur et transportent les sens,
Donner et recevoir, aux sources de la vie,
Le bonheur d'un instant, que fit naître l'envie ?
Que ne peut-on ! hélas ! y rester plus long-temps ?
S'ils sont doux, ils sont courts les bienheureux instans !
Ils ont déjà fini ; les voilà sur la route
Qui s'en vont bien moins vifs qu'il ne venaient sans
          doute.

Pourquoi donc, direz-vous ? demandez à Fimin.
Il faudrait là-dessus rester jusqu'à demain ;
Dépêchons-nous plutôt de revenir au garde.
Il conserve à Madame une mèche qu'il garde,
Qui pourra bien servir à rallumer le feu
Que Firmin a laissé s'éteindre dans ce lieu ;
Car voilà mon gaillard qui va par des menaces
Obtenir s'il se peut ce qu'on obtient des grâces.
Spectateur au moment de la douce action,
Il a vu dans la pièce entrer le goupillon ;
Et, pour son intérêt et le mieux de l'affaire,
Ce fait est ignoré de la sœur et du frère.
Le voilà donc alors possesseur d'un secret
Qu'il faudra lui payer pour qu'il reste discret.
Il saisit le moment où Rose est toute seule,
Et dit, en la voyant, vous êtes donc la meule
Du moulin à Firmin ; si vous vouliez ici
Je vous donnerais bien mon grain à moudre aussi.

Je vous ai vus tous deux à dix pas de ma place ;
Vous receviez bien tout, sans la moindre grimace.
Mais à monsieur Virton j'en vais faire un rapport :
Le frère avec la sœur ! ah ! ma foi, c'est trop fort.
Elle veut contester : c'est bien ; mais comment faire,
Quand l'autre dit combien de route a fait le frère !
Combien de fois enfin, en allant et venant,
Il a pu visiter le cabinet charmant ?
La voilà prise aussi : honteuse, elle soupire,
Et d'un air qui promet, lui défend de rien dire.
Le garde, qui de loin voit approcher son tour,
S'adoucit : un lion s'adoucit par l'amour.
Hé bien ! donc, lui dit-il, appaisez ma colère.
— Comment faire avec toi ? — Comme avec votre frère.
— Mais tu n'en diras rien ? — Ma parole d'honneur !
— Hé bien ! viens ; et de suite elle fit son bonheur.
Qu'elle fait bien l'article en marchande de mode !
C'est le mieux qui lui plaît, le plus qui l'accommode.
Le nuage est formé ; par qui ? Je n'en sais rien.
Le père supposé n'est toujours pas le sien.
Fidèle à son serment le garde sut se taire :
En pareil cas voilà comme l'on devrait faire ;
Mais malheureusement, en ce dont il s'agit,
Souvent on en fait moins que ce que l'on en dit !
On aime mieux mentir que de passer pour sage,
Et dès que quelqu'un sert de doublure au ménage,
S'il est un peu bavard, tant pis pour son objet ;
Il va se faire honneur de plus qu'il n'aura fait.
Mais le garde et Firmin en servent sans rien dire ;
Ils seront étonnés qu'on ait pu m'en instruire.
Voilà Virton coiffé ; Messieurs, n'en parlons plus ;
Car faut-il respecter, pour cause,... les cocus.

27

LE DÉVOUEMENT.

Je vais vous raconter, car je crois qu'on l'ignore,
Le plus beau dévouement que l'on connaisse encore.
    Vous en serez surpris,
    Quand vous l'aurez appris.
Deux jeunes sœurs s'aimaient dès leur plus tendre en-
                        fance,
Et vivaient dans l'oubli, sous le ciel de la France.
    C'était dans un hameau
    Qui n'était laid ni beau.
Je crois que l'amitié, pour être plus tranquille,
Choisirait le hameau plutôt qu'aucune ville.
Le villageois, par elle, y trouve une douceur
Qu'on ne trouve jamais au sein de la grandeur.
La paix et le repos la suivent au village,
Et désertent la ville, où règne le tapage.
Qu'importe la richesse où n'est pas le bonheur,
Où tout trompe les yeux, où tout gâte le cœur ?
Pauvre dans son hameau, ce jeune couple aimable
Trouvait dans l'amitié le bonheur véritable.
    Jamais aucuns plaisirs
    N'excitaient leurs désirs ;

Et, de notre bas monde ignorant tous les vices,
Dans leur plus beau printemps ils gardaient leurs pré-
                                                    mices.
        Ici ce que j'entends
        C'est ce que, vers quinze ans,
Ce sexe aimable perd, souvent par badinage.
D'autres pourraient vous dire : Ah ! c'est son pucelage.
        Quant à moi, j'aurais peur
        De blesser la pudeur..
Enfin, un grand vaurien, voisin des jeunes filles,
Et qui, sans en trouver, cherchait dans les familles
Des villes d'alentour, revint, se doutant bien
Que ce couple charmant avait encor le sien.
À peine de retour, sa conduite bizarre
Indiqua qu'il voulait attraper l'oiseau rare.
Mais les deux jeunes sœurs ne se séparaient pas ;
Où l'une se montrait, l'autre était sur ses pas ;
Si bien que père et mère allaient partout sans crainte
Qu'on pût à leur honneur jamais porter atteinte.
À l'église pourtant un jour, pour prier Dieu,
Ils s'en furent, laissant le couple au coin du feu ;
Ne s'imaginant pas que, pendant la prière,
Leurs filles, au repos, trouveraient tant à faire.
        Saisissant ce moment,
        Notre grand garnement,
Sans doute instruit de tout, courut auprès des belles
Plus vite que l'amour n'irait avec ses ailes.
        Il demande l'objet :
        En quatre mots c'est fait.

Je n'en veux qu'un, dit-il ; mais il le faut de suite,
Ou je les prends tous deux, si vous n'accordez vîte.
    Le couple embarrassé,
    Voyant qu'il est pressé ,
Ne sait que devenir, semble dire , en silence :
Il faut lui dire adieu, c'est de toute évidence ;
    Si ce n'est pas le mien,
    Il lui faudra le tien.
Voilà comment la jeune exprimait sa pensée.
A l'instant l'amitié va vous montrer l'aînée :
    La cadette des sœurs
    La regardait en pleurs ,
Paraissant pour le sien déjà demander grâce ;
Sa sœur s'en aperçut, et dit : Je prends ta place.
    Si j'expire pour toi,
    Tu prieras Dieu pour moi ;
Et, toute décidée à subir le supplice,
S'approchant du vaurien, s'expose au sacrifice.
Barbare, lui dit-elle, assouvis ta fureur :
Je me livre à tes coups ; mais épargne ma sœur.
Soit, lui répondit-il ; que le tien vîte y passe ;
Je peux m'en contenter ; à l'autre je fais grâce.
    Ainsi donc le têtu
    Va frapper la vertu !
Il commence l'assaut, s'élance vers la brèche ;
Et bientôt la victime, atteinte d'une flèche,
S'écrie en soupirant, et se sentant mourir :
Ah ! que pour toi, ma sœur, je souffre avec plaisir !
Je méprise la mort : qu'il frappe avec audace ;
Avec plaisir encor j'attends le coup de grâce.

Tu gémis sur mon sort, cesse de t'affliger ;
C'est en bravant la mort, qu'on échappe au danger.
En effet, tous les coups du furieux mollissent.
Il part, et de la sœur les blessures guérissent.
Quel combat, lui dit l'autre, en la remerciant !
Moi-même j'ai failli mourir en le voyant.

LES CONSEILS D'UN PASTEUR.

Lorsque la vérité sur un sujet se montre,
Il faut, loin de la fuir, aller à sa rencontre.
Un prêtre, dira-t-on, jamais pourtant n'ira.
Et pourquoi, s'il vous plait ? c'est mensonge, cela.
Jeune encor, j'entendis un curé de village
Prêcher, je ne sais plus sur quel saint personnage,
Si bien que l'assemblée en était tout en pleurs.
Je crus les villageois accablés de malheurs,
Tant ils sanglottaient tous. Fâché de cette scène,
Le bon Pasteur alors, attendri de leur peine,
Pour les consoler dit: Calmez-vous, mes enfans ;
Ces faits se sont passés déjà depuis long-temps ;
Sont-ils vrais seulement ? En jurer ? moi ? je n'ose;
L'histoire nous le dit, et c'est bien quelque chose;

Mais un roman aussi peut attendrir, troubler.
Nous, des élus de Dieu quand il nous faut parler,
Nous en disons toujours un bien inconcevable;
Ils nous sont inconnus cependant; c'est le diable.
Or, sans vous affliger de ce qu'on vous en dit
De tendre et de touchant, il faut avoir l'esprit
De bien éplucher tout, d'en faire deux parties,
Mettre l'une au mensonge et l'autre aux menteries.
  Ses sages paroissiens, écoutant ses leçons,
Ne pleurèrent depuis jamais à ses sermons.

ON PEUT LES GOURMANDER, MAIS NON

LES CORRIGER.

Un peuple de géans,
Très-connu dans l'histoire,
Las de ses gouvernans,
Qui méprisaient sa gloire,
Un beau jour les chassa.
Un prince populaire
Alors, se trouvant là,
Fut choisi pour mieux faire.

Du peuple étant l'ami,
Il espérait le rendre
Heureux, non à demi,
S'il se faisait entendre.
Son espoir dura peu :
L'infâme calomnie,
Pour mettre tout en feu,
Divisa leur patrie,
Exposant au mépris,
Et traînant dans la fange
Ce qui, dans leur pays,
Méritait là louange.
Ne répugnant à rien,
Afin d'être nuisible,
Elle entrave le bien,
Et le rend impossible.
Abreuvé de chagrins,
Le magistrat suprême,
Sans regret, en leurs mains
Remit le diadème.
L'homme plein de vertus
Est si mal sur un trône,
Qu'il souffre souvent plus
Qu'un peuple qui le donne.
Ah! dit-il, du pouvoir
Essayez par vous-même;
Alors vous pourrez voir
Quel mal cause l'extrême.

Ensuite il disparut,
Désirant qu'à sa place
Le bien qu'il leur voulut
Par eux fût efficace.
Ce peuple en essaya :
Trois mois il se gouverne ;
C'était beaucoup déjà !
Allons donc ! on nous berne,
Criait de tous côtés
L'effroyable anarchie ;
Et ses cris répétés
Perdirent leur patrie.
Ce peuple de géans,
Ne pouvant plus s'entendre,
Maudissant ses tyrans,
Dut pourtant les reprendre.
Au prince qu'ils aimaient
Point ils ne répondirent ;
A ceux qu'ils haïssaient
Enfin ils obéirent.
On peut bien gourmander,
Non corriger les hommes ;
Chacun veut commander,
Et c'est... où nous en sommes.

LES MAGICIENS ,

Chanson que n'osa faire imprimer l'Auteur, sous
le règne des Jésuites.

Air : *Mon père était pot.*

Tout le commerce est sans crédit ,
Encor n'en fait-on guère ;
Bientôt chacun sera réduit
A ne savoir que faire.
Quittons promptement
Notre état présent,
Et vendons des reliques :
Les objets bénits
Sont d'un autre prix ⎱ bis.
Que ceux de nos fabriques !⎰

Les marchands qui restent debout,
Sont les missionnaires ,
Tout autre se ruine partout ,
Eux seuls font leurs affaires.
Pour ces Messieurs-là
Le commerce va ,
Et tous chantent victoire.
Chez nous les bigots
Auront des châteaux , ⎱ bis.
L'hospice est pour la gloire !⎰

Tout honteux de leurs loups garoux,
Couverts de ridicules,
Au bon sens portant d'autres coups,
Ils cherchent des crédules.
Pour être puissans,
Ils vont chez des grands
Troubler leur pauvre tête !
Mais sans animaux,
Dans leurs propres peaux, } *bis.*
Eux-mêmes font la bête.

Au saint nom de Dieu, père et fils,
Ils nous vendent la grâce.
Qui veut goûter du paradis
Doit leur payer sa place.
Les péchés commis
Lui seront remis
Au son de la pécune ;
Mettons-nous marchands,
De tous leurs onguents, } *bis.*
Et nous ferons fortune !

Les miracles, mis en avant,
Nous font mordre à la grappe.
On nous les explique en chantant,
Gaîment on nous attrape.
Dans leurs chapelets ,
Que de grains de niais !
On le sait, mais qu'importe !
Comme Orviétan,
Tout cela se vend, } *bis.*
Se débite et s'emporte.

Ils font payer tout au comptant,
  Et, par leur industrie,
Ils ramassent l'or et l'argent,
  De la mère-patrie.
    Tout est pour le mieux,
    Et selon les vœux
  De la sainte milice.
    Ouvrons nos maisons,
    Vendons leurs chansons, } bis.
  Le moment est propice !

Assistons souvent à leurs jeux,
  Suivons leurs exercices ;
Et nous apprendrons auprès d'eux
  Quantité d'artifices.
    Du ciel les élus
    Auront des vertus
  Dans nos pélérinages :
    Vous entendez bien
    Que c'est un moyen } bis.
  Pour vendre leurs images,

Par eux le mensonge infusé,
  Dans un peu d'eau bénite,
Sur les saints fort bien composé,
  Doit nous guérir de suite.
    On croit l'homme noir,
    Et dame ! il faut voir
  Comme il vide les poches :
    Ceux qui de leurs saints
    Font des médecins, } bis.
  Ne font pas de brioches.

Puisqu'on ne punit pas le faux
   Qu'inventent leurs rubriques ,
Cherchons aussi dans le chaos
   Des vertus angéliques ;
      Les improviser
      Et les baptiser ,
   Vendre leur existence :
      Voilà le savoir
      Que l'on doit avoir   } *bis.*
   Pour tromper l'ignorance.

Respect , honneur , gloire aux pasteurs
   Qui , selon l'évangile ,
A la vertu portent les cœurs ,
   Leurexemple est utile ;
      Pleine de raison ,
      Leur sage leçon
   Germe et devient féconde :
      Ils font aimer Dieu ,
      Sans se faire un jeu   } *bis,*
   De tromper tout le monde,

            Par MARIE , aîné,

Paris.—Imprimerie de SÉTIER , rue de Grenelle St- Honoré, n. 29.

IL FAUT BIEN EN FAIRE UNE

POUR

LA MONTRER AUX AUTRES !

Rencontre au bois de Boulogne de M. l'abbé TARTUFINET et de
Mad. la Comtesse de DURCŒUR.

L'ABBÉ seul.

Je voudrais dans ce bois posséder un asile,
Au moins l'air en est pur et l'on étouffe en ville.
Aux portes de Paris je crois qu'il fut planté
Tout exprès pour l'orgueil et pour la volupté.
L'un y vient chaque jour en roulant équipage,
Pour nous montrer son luxe et son vain entourage ;
Et pleine de désir qu'augmente son espoir,
On y voit toujours l'autre arriver sur le soir.
L'orgueil y paraît fier des saluts qu'on lui donne,
La volupté les fuit et n'en veut de personne.
Elle a plus de prudence : à l'écart on est mieux ;
Sans paraître en public on peut bien être heureux.
   Mais que vois-je là-bas ? Eh oui ! c'est la comtesse !
Ah ! madame Durcœur, quelqu'objet de tendresse
Sans doute dans ces lieux par vous est attendu.
Auriez-vous quelque goût pour le fruit défendu ?...

Pourquoi songer au mal? N'en pourrait-elle dire
Autant de moi, voyons? J'ai peut-être fait pire :
Et tout-à-l'heure encore, moi qui devrais prier....
J'étais heureux, c'est vrai! mais... dans quel bénitier!...
On sait bien qu'un abbé ne peut pas être un ange.
Cependant autrefois... Ah! mon dieu, comme on change!
Heureusement, hélas! que je sais à propos,
Par un coup du métier cacher bien des défauts !
Qui me reconnaîtrait lorsque je me déguise?
On me croirait un saint quand je suis dans l'église...
Je sais ce qu'il en est... et madame Durcœur
Doit valoir beaucoup mieux que son observateur.
Eh! pourquoi donc toujours avoir une tendance
A médire d'autrui?... J'en ferai pénitence.
Mais si j'en approchais plutôt et que... oh! non,
Elle succomberait à la tentation.
Le feu pourrait y prendre, elle est si pétillante !
Que pourrait son époux en la voyant souffrante?...
Ah! si le monde était un peu moins babillard...
On le laisse parler... Je me livre... au hasard.
Un semblable trésor est trop pour un seul homme :
Le sien est assez gros, mais ce qu'il pèse en somme
Ne vient pas de l'esprit qui pourrait le charger;
Je crois que sans matière il serait fort léger.
Et puis il n'est plus jeune, à sa femme jolie,
Il en faut un plus ferme aux plaisirs de la vie.
Je serai son amant. Elle aime le secret,
Et l'on sait qu'un abbé par état est discret.
C'est déjà la moitié de ce qu'il faut pour plaire,
Du reste je suis bien et peux la satisfaire.
Allons, approchons d'elle et parlons-lui douceur,
Ce moyen près du sexe étouffe la rigueur.

L'ABBÉ *à la comtesse.*

Madame, je croyais en marchant sur vos traces,
Apercevoir Vénus : vous en avez les grâces.
Ce n'est point vous flatter : la mère de l'Amour
N'eut jamais plus d'attraits que vous-même en ce jour ;
C'est la même fraîcheur, vous êtes aussi belle
Et vous méritez bien qu'on vous aime autant qu'elle.
Mais daignez agréer et recevoir ici
Mon très humble salut.

LA COMTESSE.

Le compliment aussi.

L'ABBÉ.

Ce n'est qu'un composé que j'ai pris sur le vôtre.

LA COMTESSE.

On pourrait s'y tromper, je l'ai cru pour une autre.

L'ABBÉ.

Madame, il est pour vous, et s'il n'est pas frappant,
Je crois qu'on y peut voir un portrait ressemblant.

LA COMTESSE.

Ce langage est vraiment on ne peut plus aimable.
Comment donc ! il n'est rien qui soit plus agréable ;
Tout semble être à sa place et si spirituel,
Que même le mensonge y paraît naturel.

Ce ton doux et léger convient beaucoup aux dames,
Oh ! l'abbé s'y connaît, il sait flatter les femmes.
Il en est cependant qui n'aiment pas toujours
Que le langage franc s'écarte du discours.
Ici près j'en connais dont la vertu s'offense
Aussitôt qu'on en dit un peu plus qu'on ne pense.

L'ABBÉ.

Cette réflexion, prise du bon côté,
Attaque le mensonge et non la vérité.
Sa morale en ce sens est pleine de justesse,
Mais ce n'est pas à moi que madame l'adresse.
D'ailleurs la flatterie est ici sans objet,
Car on ne peut flatter ce qu'on trouve parfait ;
Et lorsque je vous vois adorable et charmante,
Vous ne pouvez pas dire je crois que je plaisante.

LA COMTESSE.

Si quelqu'objet charmant vient ici vous frapper,
Au moins ce n'est pas moi.

L'ABBÉ.

     Je ne peux m'y tromper,
Et même mon amour...

LA COMTESSE.

     Vous êtes amoureux ?

L'ABBÉ.

Ajoutez, languissant, sans espoir d'être heureux.

LA COMTESSE.

Oh ! c'est bien différent. Vrai , vous êtes à plaindre :
Un amour malheureux , à moins que de le feindre ,
Est un tourment affreux , lorsque l'objet surtout
Qui nous fait soupirer n'y répond pas du tout.

L'ABBÉ.

Quand je dis sans espoir, cependant je l'ignore ,
Celle que j'aime tant ne le sait pas encore ;
Ou du moins je le crois.

LA COMTESSE.

Elle peut s'en douter.
Songez donc qu'un regard peut tout lui raconter,
Comme de l'un des siens votre amour a pu naître.
C'est peut-être une erreur, mais cela pourrait être ;
D'ailleurs on s'en assure.

L'ABBÉ.

Eh ! voilà l'embarras
Dans lequel je me trouve , en supposant le cas
Que ce soit vous, madame, à qui je devrais dire
Tout ce que je ressens et ce que je désire ;
Mais qu'alors le respect que je dois vous porter
Sur le plus tendre amour vienne le disputer ;
Figurez-vous qu'ensemble agissant sur mon ame
Je sens l'un me glacer dès que l'autre m'emflamme ,
Et sans cesse luttant à qui doit l'emporter ;
L'un me pousse en avant, l'autre vient m'arrêter,
De sorte qu'incertain dans ce que je veux faire,
Je ne sais si je dois ou parler ou me taire.

LA COMTESSE.

Je crois l'apercevoir : ce combat commencé
Doit vous rendre confus ou fort embarrassé.
L'amour dans votre cœur vous brûle et vous enflamme,
Puis le respect arrive exprès vous glacer l'ame ;
C'est vraiment incommode, et je ne doute pas
Que cela ne vous cause un terrible embarras.
Mais s'il faut vous le dire, étant à votre place,
Sans blâmer cependant le respect à la glace,
A mon objet cheri j'oserais tout conter.
Qu'auriez-vous donc à craindre et tant à redouter ?
Si cela lui déplaît, vous le saurez de suite :
D'amour on ne meurt pas comme de mort subite !
Mais je ne voudrais pas, qu'embrasé de ses feux,
Il me fît trop attendre, incertain d'être heureux.
Allez donc... languissant, consumé de tendresse,
Pour un bonheur en l'air vous tourmenter sans cesse !

L'ABBÉ.

Si vous dites ici tout ce que vous pensez,
Vous êtes insensible ou vous le paraissez.
Mais de quelque façon qu'on pèse ce langage,
L'Amour est moins léger que votre badinage.

LA COMTESSE.

Oh ! sans être insensible on peut bien plaisanter ;
Je sais que ce langage peut nous déconcerter,
Mais par l'effet qu'on cherche à lui faire produire,
On pourrait bien aussi cacher ce qu'on désire.

N'en pas user un peu ce serait avoir tort :
La ruse pour le sexe est le droit du plus fort.

L'ABBÉ.

Si bien donc qu'en amour on peut faire paraître
L'opposé, quand on veut, de ce qui pourrait être ;
Cela peut rassurer un trop timide amant.
Je ne sais pas encore cacher ce sentiment,
Et je cherche plutôt à le faire comprendre
A l'objet que j'adore et qui feint de l'entendre.
Depuis long-temps, Madame, épris de vos attraits
J'étouffais mon amour pour n'en parler jamais ;
Mais lorsque je me trouve en face de vous-même,
Pourrais-je bien encor cacher que je vous aime ?
Je dois le déclarer : oui, vous êtes l'objet
Qui me fait soupirer : ce n'est plus un secret,
Vous avez tous mes vœux et je dois vous le dire,
C'est vous seule à présent, et non Dieu qui m'inspire,
Il peut me pardonner le crime d'apostat,
Vos charmes à mes yeux brillent de tant d'éclat
Qu'ils entraînent mon cœur et toute ma tendresse ;
Je ne vois plus que vous, oui, telle est mon ivresse,
Que vaincu par l'amour, tombant à vos genoux ;
Je m'éloigne de Dieu pour m'approcher de vous.

LA COMTESSE.

Arrêtez ! s'il vous plaît ; un pareil sacrifice
En me parlant d'amour montre trop d'artifice.
Cet aveu me paraît au moins dissimulé :
Vous pensez autrement que vous n'avez parlé.

Quoi donc! quitter son dieu pour une fantaisie!
Y pensez-vous, l'abbé? mais c'est une folie.
Dieu ne nous défend pas d'aimer qui bon nous plaît,
A moins que de tromper son pardon est tout prêt.
Je ne vois pas alors qu'il soit si nécessaire
De vous en éloigner pour moi qui peut vous plaire.
Quand le cœur est d'accord avec ce que l'on dit,
Le langage est plus franc et n'a pas tant d'esprit.

L'ABBÉ.

Plus digne de pitié que je ne suis de blâme
Si j'ai tort à vos yeux, pardonnez-moi, Madame,
Me laissant entraîner où l'amour me conduit,
C'est au vœu du plus fort que mon cœur obéit.
C'est lui qui près de vous et m'amène et m'attire:
J'en ai souffert assez sans oser vous le dire;
Il m'est si douleureux de vous en voir douter,
Qu'il n'est plus de bonheur que je puisse goûter;
A moins que votre cœur diffère avec vous-même,
Et réponde autrement à celui qui vous aime.

LA COMTESSE.

Je sens qu'en ce moment il faudrait des aveux,
Sans doute votre amour attend l'instant heureux!
Et je peux concevoir combien l'impatience
Nous cause de tourment, mais il faut que j'y pense.
Avant que de répondre on doit se préparer,
Et pour cela, monsieur, je vais me retirer.
J'ai besoin d'être seule et de rentrer en ville,
Je prends congé de vous pour être plus tranquille.

l'abbé *seul.*

Ainsi donc un moment a détruit mon espoir,
Et la voilà partie ! au revoir ! au revoir !
Je vous retrouverai, mon aimable comtesse,
Je ne vous tiens pas quitte, et malgré votre adresse...
Mais je n'en reviens pas, quoi ! si près de toucher...
Il ne fallait qu'un mot... Elle va le chercher !
Tel qui de son bonheur parle avec assurance,
N'y doit jamais compter s'il n'est payé d'avance.
Voyez le mien plutôt ! regardez-le courrir ?
Mais c'est ma faute aussi je devais le saisir.
Quand de mes mains jamais il n'en échappe aucune,
Aujourd'hui celle-ci va donc compter pour une.
Oh ! madame Durcœur, oui, je vous rejoindrai :
Nous sommes en avril ?... C'est pour le mois de mai.

LE ROSIER DE LISE.

Lise avait un rosier pour qui l'on soupirait.
Son Alphonse en riant avec elle en parlait.
Je voudrais bien, dit-il, apprendre de ta bouche
Si quelque heureux mortel, autre que moi, le touche.
Mon rosier, répond-elle : Oh ! non, étant en fleur,
Je n'y laisse toucher qui que ce soit ! d'honneur !

LA FAUSSE CLÉ.

———

Air : Il était une fille.

Lise sur le feuillage,
Avec Alphonse un jour,
Crut retrouver sa clef d'amour.
Quelle trompeuse image !
Sous cette forme-là,
Un serpent la piqua
   là.

 Lise après la piqûre
Crut mourir de douleur,
Car elle enflait à faire peur.
Sans doute la nature
A son secours viendra,
Et la soulagera
   là.

 O mon dieu ! disait-elle,
Je ne puis plus dormir ;
Quand cesserai-je de souffrir ?
Mais sa peine cruelle,
Eut un terme et cessa ;
Fin qui la reprendra
   là.

 Belles, prenez-y garde,
Les yeux trompent souvent :
Méfiez-vous donc du serpent ;
Il médite et regarde

Qui mieux vous conviendra ,
Et comment il ira
là.

Le serpent fut la pomme
Qui nous fit tous, hélas !
De si haut descendre si bas !
Dieu la défend à l'homme ,
Eve n'entend pas ça ;
Tout le mal commença
là.

L'AIGUILLE ET LA BOUSSOLE.

Air *du Menuet d'Exaudet.*

L'autre jour ,
Au détour
De Vincennes ,
J'aperçus un tendre objet,
Frais , dispos et bien fait :
C'était la jeune Arsenne.
Le hasard
Nous sert , car
Sans malice ,
En relevant son jupon ,
Le vent me fit voir mon
Délice.

Paradis ,
Je te vis ,
O fortune !

Tes charmes sont par devant,
Disais-je en regardant
La lune.

Mais soudain
Est sa main
Au passage ;
Je la saisis doucement,
Et la place aisément
A côté du rivage.

J'entre, et puis
Certain bis
La console ;
Enfin, elle eut ce jour-là
Une aiguille pour sa
Boussole.

Imprimerie de J. L. BELLEMAIN, rue Saint-Denis, n. 268.

L'ÉVEIL.

AUX PARISIENS.

Salut, peuple vainqueur !
Enfin te voilà libre ;
Et la liberté vibre
Dans ton âme et ton cœur.

Deux soleils et trois nuits
Ont mis si haut ta gloire,
Qu'on aura peine à croire
L'auteur de ces récits.

Inscris sur tes drapeaux,
Les jours de délivrance,
Où Paris à la France
Montra tant de héros

Jouis en liberté,
Admire tes miracles ;
Ils seront les oracles
De la postérité.

Tu sus précipiter
Du trône, un roi peu sage.
Veille sur ton ouvrage
Afin d'en profiter.

Seconde un roi loyal,
Plein de sollicitude,
Et dont l'unique étude
Est d'effacer le mal.

Le moment est venu
Où le bien va renaître.
Mais démasque le traître
Pour qu'il paraisse à nu.

Les Jésuites, par l'or,
Alimentent des groupes.
Chercheraient-ils des troupes
Pour fusiller encor ?

Leurs funestes talens
Et leurs crimes habiles
Sont dangereux aux villes,
Comme ils le sont aux champs.

Semant mille faux bruits,
Encourageant la plainte,
Ils tiennent dans la crainte
L'habitant de Paris.

Je crains, sans doute à tort,
Une guerre civile;
Mais l'homme est si fragile,
Et l'argent est si fort.

Rappelons-nous Coblentz
Et la clique bigote ;
Un masque patriote
Peut tromper bien des gens.

Il est temps de songer
Et voir où nous en sommes ;
Je ne crains pas les hommes
Mais l'or de l'étranger.

L'intérêt des Français ,
Celui de leur commerce ,
Exigent qu'on disperse
L'ennemi de la paix.

Évitons des malheurs ;
Qu'une prompte police
Conduise à la justice
Tous les agitateurs.

Plus de rassemblemens ,
Laissons les honorables
Juger les déplorables ,
Sans troubler leurs momens.

Point d'animosité ;
Que dans notre patrie
Tout le passé s'oublie,
Par générosité.

Déplorant les erreurs ,
Sans vouloir les défendre ,
Je crois me faire entendre
En parlant à vos cœurs.

Par MARIE, aîné.

Paris.—Imprimerie de SÉTIER, rue de Grenelle St-Honoré, n. 29.

ERRATA.

<table>
<tr><td>Page</td><td>7 ligne</td><td>1,</td><td>ou sur le duvet, lisez : ou le duvet.</td></tr>
<tr><td></td><td>8</td><td>18,</td><td>n'est-il d'usage; lisez : n'est-il pas d'usage.</td></tr>
<tr><td></td><td>17</td><td>22,</td><td>la France ; lisez : la fraude.</td></tr>
<tr><td></td><td>56</td><td>24,</td><td>soit propice ; lisez : soit plus propice.</td></tr>
<tr><td></td><td>63</td><td>16,</td><td>on se rend ; lisez : on se rendit.</td></tr>
<tr><td></td><td>79</td><td>8,</td><td>toujours défend ; lisez : toujours défendu.</td></tr>
<tr><td></td><td>86</td><td>11,</td><td>vieillesse ; lisez : vieillisse.</td></tr>
<tr><td></td><td>93</td><td>20,</td><td>l'amour ne prend rien sans le rendre ; lisez : l'amour craintif seul doit attendre.</td></tr>
<tr><td></td><td>132</td><td>23,</td><td>très-persuadé ; lisez : persuadé.</td></tr>
<tr><td></td><td>134</td><td>4,</td><td>tu dirais : lisez : tu diras.</td></tr>
</table>

TABLE.